W0205104

HOTELS
ZUM
TRÄUMEN

SIBYLLE ZEHLE

HOTELS ZUM TRÄUMEN

Mit Photos von Ralf-C. Stradtmann

HÄDECKE

INHALT

EDITORIAL

Hotels sind Wesen wie du und ich. Sie werden geschmäht, geliebt, gerühmt, gelobt, benutzt, gehaßt, verlassen; sie durchleben Krisen und Höhepunkte, Partnerwechsel und Trennungen, haben ihre Geschichte und Biographie.
Die Frage, die alle stellen, die Frage nach dem traumhaftesten Traumhotel aller Zeiten, kann darum gar nicht beantwortet werden. Gibt es etwa den idealen Mann? Die ideale Frau?
Natürlich lassen sich einige eindeutige Kriterien für Luxushotels aufstellen. Die Schönheit von Badezimmern und die Güte der Bettwäsche sind vielleicht noch zu messen. Aber der Service? Zwischen Verwöhnen und Belästigung verläuft ein schmaler Grat. Und jeder Gast hat andere Präferenzen. Häuser, die sich selbst als „familiär" loben, wecken bei manchem Fluchtinstinkte, andere mögen gerade die Besorgtheit der Hausherrin rühmen.
Was aber unterscheidet dann ein gutes von einem sehr guten Hotel? Das kann der Empfang an der Rezeption sein oder die Rose im Badezimmer, muß es aber nicht. Nach vielen Reisen wird bei der Beurteilung eines Hotels immer wichtiger, was der Amerikaner Andrew Harper, einer der redlichsten und fleißigsten Hoteltester der Welt, den Faktor „Q" genannt hat: der nicht meßbare subjektive Gesamteindruck. Man tritt ein ins Foyer und weiß: Ich bin angekommen.
Gute Hoteliers sind wie Regisseure. Sie inszenieren auf ihrer privaten Bühne ein Stück Lebenskultur. Mit mehr oder weniger aufwendigen Kulissen, Theaterdonner und Belcanto. Denn gute Hoteliers sind Künstler. Detailversessen ringen sie um Perfektion in einer Zeit, in der immer schneller und immer oberflächlicher konsumiert wird. „So ein Hotel müssen Sie wie einen Garten bearbeiten", schreibt Eva Demski in ihrem Roman „Hotel Hölle, Guten Tag", „und jede kleine Nachlässigkeit rächt sich, vielleicht nicht gleich, aber dafür sicher".
Versteckte, fast perfekte Paradiese werden auf den folgenden Seiten beschrieben. Keine Glaspaläste mit fünf Sternen, 4000 Angestellten und 1500 Zimmern, sondern Refugien für die Seele, Bastionen des guten Geschmacks.
Alle Entdeckungen sind subjektiv ausgewählt und subjektiv erlebt, mal zur falschen, mal zur richtigen Jahreszeit, mal allein und mal zu zweit, mal gestreßt und mal entspannt, mal unvorbereitet und mal eingestimmt. Sie sind mithin das genaue Gegenteil von objektiv. Veröffentlicht und finanziert wurden Berichte und Recherchen von der Zeitschrift „Schöner Wohnen". Gebucht aber hatte immer ein ganz normaler Gast – der manchmal auch als solcher abgereist ist, wenn der erhoffte Traum sich nicht erfüllte.
Spuren zu Traumhotels finden sich immer wieder. Wer in einem wohnt, erfährt oft die Adresse des nächsten. Es gibt so etwas wie eine Gilde von Genießern auf dieser Welt, die sich das Auffinden kostbarer Plätze zum Steckenpferd gemacht hat, darunter viele Hoteliers. Ihr stetes „Kennen-Sie-Schon?" war eine große Hilfe.
Hitlisten dagegen sind wenig nützlich. Die meisten werden von Managern für Wirtschaftsmagazine aufgestellt. Und ein Haus, das Bankiers und Flitterwöchner gleichermaßen genießen, ist selten.
Dieses Buch will kein vernünftiger Hotelführer für Geschäftsleute sein. Dieses Buch möchte unvernünftige Vorschläge machen für Menschen, die sich aus dem Alltag träumen wollen – und sei es nur für eine Nacht.

RHÔNE
CHATEAU DE BAGNOLS

Was passiert, wenn eine Engländerin ein französisches Renaissance-Schloß restauriert? – Sie entdeckt Fresken von unschätzbarem Wert und eröffnet das luxuriöseste Hôtel-Musée der Welt. – Und die Franzosen? Sie jubeln. »Unvergleichlich!« staunte das Figaro-magazin, »was für eine Raffinesse...«, und wir staunen mit: Das »Château de Bagnols« ist ein außergewöhnlicher Platz – kreiert von einer außergewöhnlichen Frau: Helen Hamlyn.

Blick aus dem Fenster – so schön wie ein Gemälde: der Schloßpark und dahinter das heiter grüne Weingebiet des Beaujolais.

CHÂTEAU DE BAGNOLS

Monsieur Roche, der letzte Besitzer des Château de Bagnols, bohrte alle Wände an. Die hunderte, tausende von Löcher, die er in das mittelalterliche Mauerwerk trieb, entdeckte man erst unlängst bei der Restaurierung. Und man weiß auch warum dieser Bohrwurm so fleißig sein eigenes Schloß mit Hammer und Pickel traktiert hat. Einen Schatz wollte er heben. Den Schatz der Ritter von d'Oingt oder der reichen Kaufleute von Lyon, die in das schöne Bagnols vom 13. Jahrhundert an vor der Hitze der Stadt oder vor der Pest geflohen waren.

Aber kein Gold blitzte in dem alten verfallenen Renaissance-Gemäuer – und der Schatzsucher gab auf, zumindest in Bagnols (er soll, so erzählt man sich, inzwischen die Wände eines Schlosses in der Dordogne wie ein Specht behacken).

Und so sah es ganz danach aus, als würde das Schloß von Bagnols mit seinen stolzen Türmen und Portalen endgültig zerfallen. Bäume streckten ihre Arme nach Innenhöfen und Scheunen aus, Regen tropfte in den Salons in Plastikwannen, Schutt füllte langsam den Schloßgraben

Die Fresken aus dem 16. und 18. Jahrhundert bestimmen Farbe und Design der Bäder – es gibt kaum schönere auf der Welt.

11

CHÂTEAU DE BAGNOLS

*Wie Sonnenschirme spannen sich
die über hundert Jahre alten Linden über den
Garten des Restaurants.*

auf. Und das inmitten einer der lieblichsten Landschaften der französischen Provinz, im heiteren Beaujolais, zwischen Weinbergen und Wäldchen, einem Kulturland mit uralten Kirchen, Burgen und Kapellen.

Da entdeckte die Engländerin Helen Hamlyn das ruinöse Anwesen – und erbarmte sich. „Es ist mir irgendwie zugefallen", erinnert sie sich später im französischen Fernsehen. „Ich hatte Mitleid, irgendjemand mußte sich ja darum kümmern – es ist ein Stück französischer Geschichte ..."

Und was passiert? Die frankophile Engländerin findet einen Schatz. Und dieser Schloß-Schatz ist größer, kostbarer, einzigartiger als die Truhen voller Münzen, Perlen und Juwelen, denen Monsieur Roche so entgegengefiebert hat. Als die Restauratoren nämlich die Stellen genau untersuchten, an denen sich die – unter Denkmalschutz stehenden – Tapeten aus der napoleonischen Zeit abgelöst hatten, fanden sie Fresken von unglaublicher Schönheit, Fresken aus der Renaissance und dem 18. Jahrhundert, Decken übersät mit Margeriten, Bordüren mit Vögeln und Schmetterlingen, Wände mit Jagdszenen oder Feldzügen aus der Kreuzritter-Zeit. Vier Jahre lang arbeiteten der englische Architekt Tom Wilson und die französischen Restauratoren, um Bagnols wieder zum Leben zu erwekken. Denn von Anfang an hatte Helen Hamlyn, Ehefrau des englischen Verlegers und Mäzens Paul Hamlyn, ein Hotel im Sinn – und kein Museum, wo die Leute nach einer halben Stunde wieder rauslaufen. Sie wünschte sich Räume zum Verweilen, Plätze zum Essen, Trinken und Träumen, wo man den heiteren Geist der gesegneten Landschaft drumherum in sich aufnehmen und genießen kann.

Und so mietete sich die engagierte Designerin 1987 in einem winzigen Haus in Bagnols ein und schuf, zusammen mit ihren Mitarbeitern, ein Gesamtkunstwerk: ein Hôtel-Musée, wie man es nicht noch mal findet auf der Welt.

Es gibt zwei Möglichkeiten, sich diesem Gesamtkunstwerk zu nähern. Die eine ist, alle Details aufzuzählen: die von Helen entworfenen Silberbecher (mit dem Wappen derer von Balzac), die extra-großen, in Bern gewebten Servietten, in denen eine Blüte aus einer Bagnols-Freske aufschim-

In der kühlen Jahreszeit tafeln die Gäste vor einem prachtvollen gotischen Kamin – eine kostbare Rarität in ganz Europa.

CHÂTEAU DE BAGNOLS

mert; das nach überlieferter Rezeptur speziell für die Engländerin in Limoges gebrannte Steingut-Geschirr; die Wasserhähne in den Bädern, die nach dem Vorbild eines Bagnols-Brunnens gegossen wurden; die erlesenen alten Stoffe, Brokatbänder und Seidenbordüren aus der Privatsammlung von Helen Hamlyn, die sich auf Himmelbetten, Truhen, Kissen wiederfinden; die 4500 Quadratmeter Dach, die natürlich mit alten Schindeln belegt wurden, die Fußböden, die, Fliese für Fliese, einzeln numeriert und abgetragen und dann – über modernen Heizschlangen und Kabeln – wieder verlegt wurden …

Aber der Platz reicht ja nicht, um alle Besonderheiten zu nennen. So ist es wahrscheinlich sinnvoller zu erklären, was mit dem Gast in diesem Haus geschieht. Denn das Château de Bagnols ist ja nicht von erdrückender Pracht. Es ist von großer Harmonie und bekömmlicher Eleganz.

Wir waren zwei Tage in Bagnols und hatten uns wichtige Unterlagen zum Durcharbeiten mitgenommen. Was sollten wir sonst tun ohne Schwimmbad und Fitness-Raum? Und dann schaukelten wir im Schloß-Hof in einem Gartenstuhl und waren damit beschäftigt, das Rauschen der Blätter und die Stimmen der Vögel zu verstehen. So verging der Tag. Wir gingen über den Rasen, weich wie Teppichboden (kein Franzose kriegt das so hin), und sahen den Hummeln zu, die um die Lavendelblüten taumelten. Dann zog sich das Licht über den weichen Hügeln am Horizont zurück. Dunst deckte die Weinberge zu. Und im Schloß wurden die Kerzen und Kamine angezündet.

Wie alle Zimmer trug auch das unsere den Namen eines Besitzers oder berühmten Besuchers von Bagnols: „Madame de Sévigné" hieß es, und so saßen wir vor dem Feuer und träumten von der galanten Marquise. Madame machte hier in der Nacht vom 10. auf den 11. Oktober 1673 Zwischenstation, eine elegante raffinierte Person – mit spitzer Zunge. Ihre Briefe voller Witz und Biß über die Ereignisse am Pariser Hofe waren gefürchtet. Lyon aber liebte die begnadete Spötterin. „… wenn wir den seltsamen Einfall hätten, hier eine schlechte Melone finden zu wollen, müßten wir sie aus Paris kommen lassen, hier gibt es keine."

Neben allen Extravaganzen der neuen Schloßherrin Helen Hamlyn (so sieht das moderne Klo, mit dunklem Holz verkleidet, aus wie ein richtiger Thron) ist in diesem Hotel endlich einmal alles praktisch durchdacht: Hier hängen anständige Bügel im Schrank, ein kräftiger Föhn liegt im Bad, Hausschuhe stehen vor dem Bett; der Badeschaum duftet nach Lavendel (wie die Rabatten vor dem Fenster) und ist speziell in der Provence für das Schloß gemischt.

Kein Händchen hatte die imponierende Verlegers-Gattin freilich für so profane Dinge – wie das Personal. Die Küchen-Chefs und Chef-Manager kamen und gingen schneller als Sommer und Winter. Da entschied sich die Lady wiederum für allerbeste Qualität: Die „Amanresorts" haben jetzt das Sagen im Schloß – und dieser Name bürgt weltweit für Professionalität.

„Und was hat das alles gekostet?" fragte ein französischer TV-Journalist unlängst die blondgelockte Mäzenatin Helen Hamlyn. Die schaute dem Fragesteller ernst in die Augen. „Vier Jahre meines Lebens".

Himmelbett in Kardinalsrot, verziert mit indischen Bordüren – aus der privaten Stoff-Sammlung von Helen Hamlyn.

LANDES
LES PRÉS D'EUGÉNIE

Für uns versteckt sich das Schlaraffenland ganz eindeutig am Rand der Pyrenäen. Dort, im Departement Landes, fliegen einem gebratene Tauben in den Mund – ohne sich anderswo als Fettpolster festzusetzen. Möglich machen dies zwei Genies: Christine und Michel Guérard. Der König aller Drei-Sterne-Köche und seine Frau, eine perfekte Stilistin, haben ihr Kurhotel „Les Prés d'Eugénie" zu einem Gesamtkunstwerk gemacht: Und jeder Gast kehrt von Eugénie les Bains gestärkt an Leib und Seele heim.

Zwei, die sich inspirieren: Michel und Christine unter den Arkaden des Thermalbades. Ihr Diät-Frühstück im Garten macht auch die Augen satt.

LES PRÉS D'EUGÉNIE

Wenn Sie sich zu dick finden, fahren Sie einfach zu Michel Guérard. Der würde Ihnen morgens Roggen-Brötchen in Herzform servieren, dazu selbsteingekochte Marmelade und Obstsalat mit süßem Schaum. Mittags gäbe es einen Artischocken-Salat mit frischen Erbsen, ein bißchen lauwarmen Hummer, dann Himbeer-Souflée. Abends vielleicht Lauchsuppe mit Morcheln, getrüffelte Wachtel und ein Birnentöpfchen.

Damit, finde ich, kann man leben.

Aber Michel Guérard würde Ihnen vor dem Essen auch noch seinen Spezialapéritif „Badinguet" kredenzen, eine geheimnisvoll würzige Kräutermixtur (für schnelleren Stoffwechsel), und zum Essen ein Glas Weißwein erlauben (für fröhlicheren Kreislauf) – und was passierte bei all dieser Schlemmerei? – Sie nähmen ab. Woche um Woche, Kilo um Kilo. Immer dünner würden Sie und schöner – und wahrscheinlich auch noch uralt.

Denn Michel Guérard, einer der ganz großen unter Frankreichs Drei-Sterne-Köchen und weltberühmt für seine kalorienarme „Cuisine Minceur", betreibt neben seiner Schlankheitsküche auch noch seit fünfzehn Jahren im Auftrag von Nestlé Nahrungs-Forschung.

Und ist, wie er versichert, auf dem besten Wege, eine Küche zu entwickeln, „die so ausgewogen zusammengestellt ist, daß sie tatsächlich den Alterungsprozeß hinausschieben kann."

Das Haupthaus schmückt sich mit dem Glanz der Belle Epoque. Denn schon Kaiserin Eugénie pflegte in den schwefelhaltigen Quellen zu baden.

Wir aber lieben die Dependance, das gerade von Christine mit viel Stil gestaltete „Couvent": ein Ex-Kloster als Oase für Verliebte.

LES PRÉS D'EUGÉNIE

Ja, und wo steckt dieser Mann? höre ich Sie förmlich rufen. Sehen Sie, und da haben wir das Problem! Wir alle wären ungleich schöner und leichter, hätte dieser Wundermann Guérard sein Hotel „Les Prés d'Eugénie" nicht ausgerechnet am Rande der Pyrenäen versteckt. Es liegt, genauer gesagt, in einem Departement mit dem Namen „Landes", in das sich höchstens Pilger verirren, die eigentlich nach Lourdes wollen.

Oder Leute, die sich für Gänsestopfleber interessieren. Entweder, weil sie nicht genug davon kriegen können oder weil sie Mitglied der Liga „Gegen Folter im Gänsestall" sind.

In Landes essen die Menschen so selbstverständlich Foie gras wie unsereiner Leberwurst, nur sehr viel mehr. Das scheint auf den ersten Blick ein kurioser Ort, um angefressene Kilos loszuwerden.

Schuld daran, daß sich das kleine „Eugénie les Bains" inzwischen sogar stolz das „1. Schlankheitsdorf Frankreichs" nennt, sind bei genauerem Hinsehen zwei Frauen. Die eine war Kaiserin, hieß Eugénie und war verheiratet mit Napoleon III. Sie pflegte in den schwefelhaltigen Quellen der Gegend „für Jugend und Schönheit" zu baden und ließ im Jahr 1861 den winzigen Kurort bauen. Die zweite Frau heißt Christine und bekam von ihrem Vater, dem Präsidenten der Thermalhotelkette „Chaîne Thermal du Soleil", 1970, also fast hundert Jahre später, ein heruntergekommenes Kurhotel in dem ehemaligen kaiserlichen Badeort geschenkt.

Dann passierte etwas, was sich mit Worten nur mager beschreiben läßt. Christine feierte 1972 in Paris, im Nachtclub „Régine", mit dem berühmten Koch Pierre Troisgros. Er machte Christine mit dem neuen Mann am Herd des Clubs bekannt, der sich zuvor in einem Vorort von Paris mit dem Restaurant „Le Pot-au-feu" einen Namen gemacht hatte. „Suchst Du nicht einen Koch für Dein Hotel?", fragte Troisgros, „das hier ist Michel Guérard, und einen besseren findest du nicht."

Christine fand das auch. Sie heiratete ihn. Und es wurde eine dieser raren Beziehungen, in denen sich die Kräfte der Partner nicht verdoppeln sondern potenzieren. Michel, schon immer ein Meister der

Die lichte Restaurantveranda, in der mittags und abends zweierlei Küche zelebriert wird: „Menu gourmand" und „Menu minceur".

leichten Küche, entwickelte speziell für das Kurhotel seine „Cuisine Minceur". Christine, studierte Wirtschaftswissenschaftlerin und inzwischen Vizepräsidentin von „Thermal du Soleil", kümmerte sich um die Inneneinrichtung und schuf das einmalige Ambiente. Heute ist „Les Prés d'Eugénie" ein Gesamtkunstwerk. Es zählt ohne jede Übertreibung zu den raffiniertesten Hotels der Welt, eine Komposition aus Ruhe, Schönheit und Harmonie.

Über dem Haupthaus und den Kuranlagen liegt noch ein Hauch von kaiserlichem Glanz. Uns zog es dennoch sofort ins „Couvent", ein ehemaliges Kloster, rosenumrankt, das Christine wie ein privates Landhaus eingerichtet hat.

Von einigen Zimmern blickt man direkt in den alten, wieder zum Leben erweckten Kräutergarten hinein, und abends weht der Duft von Salbei und Thymian zur Terrasse. Ein Gärtlein zum Schnuppern, Träumen und Meditieren. Es kommen einem nicht die schlechtesten Gedanken zwischen Feldern von Zitronenmelisse und Minze.

Im Frühjahr und Herbst schreiten elegante Menschen durch den Park. Genießer aus aller Welt, die ein, zwei Tage in Michel Guérards Töpfe gucken wollen. Oder Gesundheitsbewußte, die sich kneten, baden und mit Jet-Streams abduschen lassen.

Ich fuhr Fahrrad in der sanftgewellten Umgebung und suchte Gänse, die sich von mir befreien lassen wollten. Aber sie kümmerten sich einen Dreck um mich, schnatterten einfach weiter. Dabei hätte ich gern mit einer geschwatzt.

Der liebenswürdige Michel Guérard findet nämlich, daß nur Dummköpfe in Schreibstuben gegen das Stopfen von Gänsen sind, „auch eine Bressepoularde schmeckt nur so gut, weil sie 15 Tage vor dem Schlachten gemästet wird." Das ist die professionelle Sicht der Dinge, aber ich mag Fettlebern einfach nicht. Weder bei Menschen noch bei Gänsen.

Mich entließ Michel Guérard trotz acht Tage andauernder Völlerei um anderthalb Kilo erleichtert. Zuhause habe ich dann versucht, bei dieser Art von Küche zu bleiben: Himbeertörtchen, Hummerstückchen, Steinpilzsüppchen ... aber bei mir zuhause, versichere ich Ihnen, klappte das nicht.

Doch ob Schleckerkost für Genießer oder Schlankkost für Schlemmer: Bei Michel ist auch die Magerküche drei Sterne wert.

ANJOU
CHÂTEAU DE NOIRIEUX

Die große Dame „Loire“ hat einen kleinen Bruder – „Le Loir“. Und genau dort, am idyllischen Flußufer, zwischen Obstgärten und Nußbäumen, liegt ein Herrenhaus aus dem 17. Jahrhundert – voller Frische, Anmut und Frieden: das Château de Noirieux. Ein sorgloser Schloßbau, unbefestigt, nur mit dem Wunsch errichtet, daß er schön sei und offen für die Natur und das Tal mit dem mäandernden Fluß. Eine Trouvaille!

Von allen Tischen blickt man über das weite Tal. Die Landschaft betört! Empfindsame Seelen schwingen, wenn morgens Nebel aus dem Flußbett steigt …

CHÂTEAU DE NOIRIEUX

Manchmal werden aus kleinen Ausflügen große Abenteuer; hinterlassen harmlose Reisen in die Provinz die aufregendsten Eindrücke und nachhaltigsten Erinnerungen, und genauso erging es uns bei der Fahrt ins Hinterland von Nantes.

Hinterland von Nantes? Klingt nicht gerade nach großer Verführung, der Süße der Dordogne oder der Wildheit der Provence. Aber das Schlößchen dort, am Loire-Ufer, das wollten wir uns schon anschauen. Es gehört dem Chinesen Michael Shen, dessen karibisches Hotel auf St. Barth („Le Toiny") uns schon entzückte; und beraten hat wiederum die Hongkong-Chinesin Grace Leo Andrieu (Mitbesitzerin des Pariser Hotels „Montalembert"), deren Stil uns bereits im Dubliner „Clarence" überzeugte.

Das Schloß heißt „Château de Noirieux" und liegt nahe dem Städtchen Angers – im Departement Maine-et-Loire. Die Franzosen nennen das Land um Angers „Anjou". Das klingt weich wie ein Kosewort: Anjou. Und wirklich war das Anjou einmal ein Reich für Edle und Könige, Sitz von über tausend Schlössern, noch heute, so hat einer ausgerechnet, kommen auf eine Gemeinde im Schnitt drei Herrensitze. Die prachtvollen Anwesen sind in unseren Tagen beliebt bei vermögenden Familien aus Paris – als Wochenend-Refugium mitten in der Natur. Heute gilt das Anjou als Obst- und Beerenparadies und ist – nachdem der wunderbare Schnellzug „TGV" die Städter in gerade einer Stunde und 29 Minuten nach Angers bringt, sozusagen der Vorgarten von Paris.

Ach, man weiß so vieles nicht. Je mehr man reist, umso ungebildeter fühlt man sich. Natürlich dachten wir bei „Loire" an die stolze große Dame mit ihren weißen leuchtenden Schlössern am Ufersaum. Der Loir? Für uns bisher ein Druckfehler, was sonst. Dabei entspringt der kleine Bruder der Dame Loire in den Hügeln westlich von Chartres und begleitet die Verwandte in einem Abstand von etwa dreißig Kilometern von Orléans bis Angers.

An seinem Ufer sind wir gewandert. Wildumwuchert, unbefestigt windet er sich durch Wiesen und Wäldchen, an Weiden, Obstgärten und langen wie mit dem Lineal gezogenen Reihen von Pappeln entlang.

An einem sanft abfallenden Uferhang liegt das Schloß Noirieux. Wir steigen den Weg hinauf, es ist Herbst, und immer wieder kullern Nüsse über das feuchte Laub. Das Schloß mit seinen hohen Sprossenfenstern wirkt wie zur Zerstreuung gebaut, ein sorgloser Schloßbau, unbefestigt, nur mit dem Wunsch errichtet, das es schön sei und offen für die Natur, das Tal mit dem mäandernden Fluß, die Weite der Felder und des Himmels drumherum.

Der Garten ist auffallend gepflegt, wir sahen alte Rosen, Feigenbäume, Zedern und Zypressen, und kein Blättlein auf den Wegen zwischen Pool und Hundehaus. Was für Gerüche (Lamm aus der Küche), was für schöne Geräusche (der Gärtner harkt Kies), welch ein Behagen erfüllt den Besucher, wenn einen Augenblick lang alles stimmt, Natur und Architektur perfekt harmonieren ...

Der romantische Flecken taucht schon 1212 in einer Chronik auf; die Kapelle neben dem Schloß wurde 1514 gebaut, der Altar aus Tuffstein stammt noch aus dieser Zeit. Und im Schloß haben die edelsten Familien von Angers gewohnt, sogar die feinen Pincés, deren prachtvolles Stadtpalais „Logis Pincé" heute als Museum der Antike dient (32, Rue Lenepveu, Angers).

Michael Shen, Chinese mit Wohnsitz Paris, mochte das Anwesen sofort. Der Unternehmer (der auch schon als Photograph

Ein einziges Bad zeigt sich von der Fliese bis zur Wanne in originalem Art-déco. Eine Rarität und Erinnerung an die Vorbesitzer, die Pariser Familie Dubois.

CHÂTEAU DE NOIRIEUX

Das Schloß gibt sich herrschaftlich – von royalblau bis burgunderrot – im Stil von Louis XV und XVI. Im „Manoir", mit Balken und Kaminen, sind die Zimmer rustikal.

und Pilot gearbeitet hat) kaufte es zunächst, um es privat und für seine Firma zu nutzen, dann entschied er sich, dort 1991 ein Vier-Sterne-Hotel zu eröffnen. Er baute eine helle Orangerie für das Restaurant, einen Wintergarten für Frühstück und Lunch und fand mit Anja und Gerard Come ein international versiertes Hotelmanager-Paar. Gerard hat unter anderem im Londoner „Waterside Inn" gekocht – und seine Frau Anja aus Den Haag mitgebracht. Die Holländerin begrüßt die Gäste auf Französisch, Deutsch und Englisch.

Welches Zimmer ist das schönste? Im Schloß auf jeden Fall die Nummer 1 (da wachsen die Zapfen der meterhohen Zeder fast ins Fenster hinein) oder die Nummer 2 (da hat Trompe-l'œuil-Maler Ting, noch ein Chinese, einen hellblauen Himmel an die Decke gemalt).

All das zählt doppelt. Denn das Schloß, eingebettet in eine seit Jahrhunderten lebendige Kulturlandschaft, liegt in der Nähe eines – Weltwunders.

Angers ist eines von diesen Städtchen, in denen man eine große Vertrautheit mit der Geschichte empfindet. Die Melodie der mittelalterlichen Feste, die Turniere, Dichterwettstreite und Jagdgesellschaften, die meint man noch heute zwischen den Mauern der Festung zu hören. Wie aus dem Fels gewachsen sieht sie aus – mit 17 massigen Wachtürmen. Sie hüten das Wunder: den Wandteppich der Apokalypse.

Das Anjou war schon immer Hochburg französischer Tapisseriekunst; wer jetzt aber an einen Wandbehang denkt, etwa um feuchte Schloßwände zu wärmen oder um einen Zimmerschmuck überm Kamin zu haben, der irrt gewaltig. „Eigentlich kann man dieses monumentale Werk nur mit einem großen epischen Film vergleichen", schrieb die amerikanische Schriftstellerin Josephine Humphreys nach ihrem Besuch in der „New York Times". Die „Apokalypse von Angers", das sind die schrecklichen Visionen des Johannes, in 84 Bildern erzählt – ursprünglich 140 Meter lang und nahzu 6 Meter hoch. Heute sind noch rund hundert Meter erhalten – eine eindrückliche Abfolge aller Menschheitsplagen in anrührenden Bildern und kraftvollen Farben. Welche Beweggründe mögen den Herzog von Anjou im Jahr 1375 dazu veranlaßt haben, eine in dieser Größe bis heute einmalige Teppich-Webarbeit in Auftrag zu geben? „Weh, Weh, Weh" kündet ein „Adler mit großer Stimme" vom Untergang der Stadt Babylon, in deren zerborstenen Mauern sich später schwarze Teufel mit gräßlichen Fratzen suhlen.

Wir hätten den Anblick des Unglücksvogels, samt Pest, Krieg, Hungersnöten und tausend Teufeln, sicher bedeutend schlechter ertragen, wären wir im Schloß nicht so herrlich verwöhnt worden – von der „Cuisine Angevine". Aale, Zander zieht man hier aus den Flüssen. Körbe voller Austern und „Fruits de mer" kommen täglich aus der nahen Bretagne. Spargel, Äpfel, Birnen, Feigen und Quitten wachsen in Hülle und Fülle. Und mit einem „Homard à la nage" im Magen tritt man der „Apocalypse" gleich gefaßter entgegen.

Angers ist lebendig: ein Städtchen zum Stöbern nach alten Büchern und schönen Antiquitäten, die tausend Schlösser geben halt schon was her. Jeden Monat wechseln sich die Festivals und Dorffeste ab, man feiert gern im Anjou, nur im November, der Zeit unseres Besuchs, war die Auswahl natürlich nicht so groß. In Angers war gerade das „Internationale Festival des Journalismus" beendet (was es da wohl zu feiern gab?), in der nächsten Woche würde „Wettbewerb und Messe der Rotweine von Brissac" stattfinden. Daran allerdings hätten wir gern teilgenommen, aktiv.

Im Wintergarten werden die Gäste empfangen. Hier fuhren früher die Kutschen der Familien von Angers vor, verglast wurde der Vorplatz erst im Jahr 1990.

27

CHÂTEAU DE NOIRIEUX

In diesem Schloß kocht der Chef. Gerard Come zelebriert die „Cuisine Angevine": Zander aus den Flüssen, Austern aus der Bretagne, Süßes aus dem Topf.

ALSIUM
LA POSTA VECCHIA

In Amerika und Arabien fand er Öl. In einem Trödelladen einen echten Raphael. Und als er in Alsium, der Küste bei Rom, die schon Cäsar liebte, ein Barockhaus aus dem 17. Jahrhundert kaufte, stieß er beim Umbau auf wertvolle römische Mosaiken und etruskische Mauern. Fündig wurde Jean Paul Getty eigentlich immer. Inzwischen ist die Sommerresidenz des verstorbenen Multimilliardärs Hotel und Museum in einem. Und wir haben in seinem Schwimmbad, meerumschlungen, gebadet, und in der Medici-Suite im Prunkbett geruht. Welche der Getty-Damen schlief hier zuletzt? Der Hotel-Direktor lächelt entschuldigend: „Wirklich keine Ahnung. Der Getty lebte ja immer mit drei Frauen zur selben Zeit."

Im pfirsichfarbenen Eßraum trank Getty Cola mit Schuß. Hatte er seine Besucher satt, floh er in den Pool gleich nebenan.

Das Prunkbett in der Medici-Suite könnte viel erzählen, tut es aber leider nicht. Getty sammelte alles Schöne, Frauen eingeschlossen. Hier schlief die Favoritin.

Lieber Herr Getty – gestern habe ich an Ihrem Schreibtisch gesessen, Sie wissen schon, in Ihrem Arbeitszimmer, direkt mit dem Blick auf den großen Kamin. Es war eine seltsam würdige Stille in dem Raum. Ich fühlte mich eher wie in Ihrem Tudor-Schloß bei London als in einer italienischen Sommerresidenz am Meer.

Aber das kommt eben, weil Sie diese riesigen kostbaren Gobelins so mögen und Ihnen Ihre englische Freundin Penelope Kitson so viele schwere Sitzpolster in den Raum gestellt hat. Dennoch fühlte ich mich überhaupt nicht fremd oder erdrückt, schon gar nicht wie in einem Hotel, sondern eigentlich wie Ihr privater Gast. Leider kamen Sie dann nicht selbst in den Salon, sondern ein junges verwöhntes amerikanisches Paar in sehr bunten Hemden. Aber Ihr Hausmeister, der Romano Guadagni (ja, genau der, den sie Emilio Pucci in der Toscana abgeluchst haben), hat keine Miene verzogen und schweigend Champagner eingeschenkt.

Romano hat mich auch vom Flughafen abgeholt – mit großer Zuvorkommenheit und einem gepflegten grauen Jaguar. Zur Feier des Tages hat er sogar eine Kassette mit Brahms und Wagner-Musik eingelegt und dabei versucht, durchgängig eine gleichmäßige Lautstärke zu halten, hat also bei *piano* auf, bei *forte* leiser gedreht, da war er die zwanzig Minuten Fahrt voller Paukenschläge ganz schön beschäftigt.

Am meisten aber hat mich die strategische Lage Ihrer Residenz beeindruckt: nur 22 Kilometer vom Flughafen, das meiste Autobahn. Und was für ein Katzensprung von Rom! Nicht mehr als eine kleine Autostunde. Oder, wie es Ihre Freunde sagen, gerade zehn Helikopter-Minuten vom Zentrum. Warum ich Ihnen das alles erzähle? Es hat sich so wenig verändert, seitdem Sie 1969 nach der Entführung Ihres Enkels Italien für immer verließen. Sogar Ihre strengen Sicherheits-Vorschriften werden noch eingehalten, nur nach Rücksprache über Funk öffnet sich vor der „Posta Vecchia" das große Tor.

Sie glauben ja gar nicht, was Ihre Kunstwerke und Möbel heute kosten. Seit Ihrem Tod im Jahre 1976 haben sich die Preise mehr als verdreifacht, sie hätten Ihre helle Freude daran.

Der Park ist noch immer voller Geheimnis und Poesie, mit Feigenbäumen, Palmen und weiten Wiesenstücken. Und die rundgeschnittenen Margeritenbüsche blühen noch immer links des Weges bis zum Haus, den ganzen Kilometer lang.

Ihre Köchin Maria hat ihren Gemüsegarten noch immer gleich nach dem Tor. Mit all den Blumenrabatten und Obstbäumchen. Aber dieses Jahr war das Frühjahr zu kalt. Es ist kein gutes Jahr für Ihren Garten.

Als dann das große Barockhaus auftauchte, mit seiner rotgoldenen Wucht, und daneben die Burg und rundum das Meer ... da hat es mir wirklich den Atem verschlagen. Mein erster Gedanke: Was müssen Sie, Jean Paul Getty, Angst gehabt haben, vor Erpressern, Entführern, Mafiosi, daß Sie diesen magischen Ort verließen.

Im Foyer Gobelins, Marmorbüsten ... und direkt in der Nachbarschaft: die Burg der Prinzen Odescalchi. Deren Vorfahren bauten die Getty-Villa 1640 als Gästehaus.

Als Sie das Haus 1965 von Ihrem Freund, dem Prinzen Ladislao Odescalchi kauften (der nebenan die Burg aus dem 14. Jahrhundert bewohnte), waren Sie schon 72 Jahre alt, fünfmal verheiratet, etwa zwei Milliarden Dollar schwer. Für das Haus zahlten Sie 566 000 Dollar. Dafür, das wird Sie diebisch freuen, bekommen Sie heute, so direkt am Meer, gerade noch ein Gartenhaus.

Aber die „Posta Vecchia", ich weiß, war total heruntergekommen. Die Vorfahren der Odescalchis haben das Gästehaus im 17. Jahrhundert gebaut, aber zu Zeiten Goethes war es bereits eine öffentliche Herberge – zum Rasten und Pferdewechseln – eine Tagesreise mit der Kutsche vor Rom: „La Posta Vecchia", die alte Post-Station.

Trotzdem haben Sie natürlich ein gigantisches Schnäppchen gemacht. Man sagt, Sie hätten sich über die Funde, die man beim Einbau der Heizung in Garten und Keller machte, mehr gefreut als über die Entdeckung jeder Ölquelle.

Denn tatsächlich steht die „Posta Vecchia" ja nicht nur auf den Grundfesten einer römischen Luxusvilla. Sondern auch noch auf den Mauern eines etruskischen Hafens – datiert 600 Jahre vor Christi. Ich wäre gern dabeigewesen, als die Archäologen das große Mosaik freilegten, so kunstvoll und farbintensiv, wie man es sonst nur auf Sizilien vermutet. Sie müssen ausgeflippt sein. Denn Ihre Liebe zu den Römern (und ihrem Vorbild Kaiser Hadrian!) ist ja nun wirklich legendär.

Schließlich lieben wir alle Ihr Getty-Museum in Malibu (eine perfekte Rekonstruktion der antiken Villa dei Papiri, die Cäsars Schwiegervater in Herculaneum bewohnt hatte).

Mit ein bißchen Glück bekommt man auch als Gast eine Führung durch die Ausgrabungen im Keller. Noch immer wird dort gearbeitet. Freilich nicht mehr mit demselben Elan wie zu Ihrer Zeit. Dabei steckt dieser Boden voller Geschichten. Julius Cäsar, Cicero, Marc Aurel … sie alle hatten hier in Alsium ein Sommerhaus.

Aber was bedeutet die Göttin mit dem Halbmond auf dem Kopf? Das geheimnisvolle Zeichen findet sich auf Vasen, Öllampen, Opferschalen … Keiner kennt ihren Namen. Und warum wurde die römische

Maria hat in ihrer schönen alten Küche schon für Getty gekocht. Italienische Verführungen? – Pustekuchen. Jeden Abend Polenta mit Zucker und Milch.

Villa vierhundert Jahre nach Christi so überstürzt verlassen? – Irgend etwas Furchtbares muß passiert sein. Denn die Bewohner ließen Schmuck, Kleider, Nähzeug, Hausrat, alles zurück.

Ich hätte gerne mit Ihnen im Speisezimmer gesessen, an dem pfirsichfarbenen Marmortisch, und all diese Fragen besprochen. Sie sollen ja in Wahrheit gar nicht so ein Ekel gewesen sein. Die Boulevard-Presse wurde immer nur von Ihren abgelegten Frauen mit Bösartigkeiten gespeist. Und Sie haben geschwiegen – und heimlich Millionen für wohltätige Zwecke ausgegeben.

Ihr Speiseplan hätte mir dennoch nicht behagt, noch heute ist Maria sauer, daß Sie nie Rotwein getrunken haben, nur immer dieses Cola-Gesöff.

Aber Sie haben eben Ihre ganze Sinnenfreude auf die Girls konzentriert. Und wenn wir heute lesen, wer von Ihnen alles Kinder oder Geld oder beides bekommen hat, meine Güte, Herr Getty.

Natürlich war ich in Ihrem Schlafzimmer. Ich fand es zu pompös. Kein Hauch von Süden. Im Bad hängen noch Ihre Handtücher. Mit Ihren Initialen JPG. Das hat mich seltsam berührt. – Ich kam mir plötzlich wie ein Eindringling vor.

Lieber Herr Getty, Sie haben Luxushotels geliebt, vor allem das Pariser „Ritz". Und natürlich werden Sie mich fragen: Meine Sommerresidenz – nun ein Hotel? Mit gerade siebzehn Zimmern? Wie soll sich das rechnen? Da haben Sie natürlich recht. Das geht nur, weil das Haus zu der Gruppe gehört, die auch das berühmte Hotel „Il Pellicano" in Porto Ercole besitzt. Ihre Villa ist sozusagen das Prestigeobjekt des Präsidenten Roberto Sciò.

Und was für Gäste kommen? Geschäftsleute zum Beispiel, Politiker aus Rom, Staatsgäste aus aller Welt. Und Liebespaare natürlich. Die mieten die Medici-Suite. Wo früher ihre Favoritin schlief.

Aber ich will Sie jetzt nicht auf falsche Gedanken bringen … Lieber was anderes zum Schluß.

Wissen Sie, wer der erste deutsche Hotelgast in Ihrem Hause war? Das Ehepaar Pöhl. Das muß Sie doch freuen. Ich meine, soviel Geld wie Sie hat unser Ex-Bundesbankpräsident natürlich nicht, aber er versteht wenigstens etwas davon.

Heute gibt es für die Gäste hausgemachte Nudeln – mit Muscheln schmecken sie am besten. Aber ein wirkliches Schlemmer-Paradies ist die Getty-Villa nicht.

GARDASEE
VILLA CORTINE

Wer Pech hatte, sah letzthin vor lauter Säulen Woody Allen nicht. Wer flink war, fand Woody aber schon morgens auf der Bar-Terrasse – ohne sein halbes Dutzend Kinder! Ach, könnten die Säulen der Villa Cortine doch Geschichten erzählen! Tausend-und-eine-Nacht wären wir wach. Denn hier hat schon die Callas mit dem Meneghini-Clan gefeiert oder Ira von Fürstenberg, fast noch ein Kind, Prinz Alfonso von Hohenlohe geheiratet. Diese Villa war schon Lazarett, Nazi-Hochburg und Industriellen-Palais. – Heute ist sie der angenehmste Ort, um die jährlichen Opernfestspiele von Verona zu überstehen. Selbst im Hochsommer, wenn sich die Menschenmassen durch die Gassen von Sirmione schieben, bleibt der Cortine-Hügel von Touristenlärm unberührt. Nichts als Ruhe im würdigen Park, stilles Goldgefunkel in den neobarocken Salons, ein Ort „geträumter und gelebter irdischer Freuden". So hat Goldoni die berühmten Villen des Veneto beschrieben. Und so ist es geblieben.

Ein Luxushotel im Zypressenhain. Ein Leben voller Eleganz. Champagner zwischen Säulen, Mittagstisch am See, Abenddämmerung am Pool…

BELLAVISTA

VILLA CORTINE

Am 17. August 1959 um neun Uhr abends tauchte Onassis in Sirmione auf. „Ich mochte kaum meinen Ohren trauen", erinnerte sich Meneghini, Ehemann der Callas, „als ich hörte, wie seine Stimme unter unserem Fenster sang: Maria, Maria ..."

Onassis war gekommen, um Meneghini davon in Kenntnis zu setzen, daß er Maria Callas zu heiraten beabsichtigte.

Es war eine heiße Nacht. Der Himmel voller Sterne. Aber die dunklen Zypressen im Park der Villa Cortine sahen wie drohend erhobene Zeigefinger aus.

Meneghini flehte, warnte; doch Mahnungen, Vorwürfe, Bitten, alles war vergeblich. Um vier Uhr morgens, berichtet die Callas-Biographin Arianna Stassinopoulos, habe Maria Sirmione verlassen – für immer.

Wie gut, daß über der Zukunft so dichte Dunstschleier liegen wie fast an jedem Sommermorgen über dem Gardasee. Onassis hat nie wieder gesungen; die Callas nie wieder geheiratet. Und die Villa, in der die berühmteste Sängerin aller Zeiten so gern im Bett ihre Rollen studiert hat – in einem Arm die Partitur, im anderen Pudel Toy – wurde zu einem häßlichen Appartement-Haus umgebaut.

Direkt gegenüber der Callas-Villa aber erhebt sich ein prachtvoll schmiedeeisernes Tor. Die Auffahrt dahinter, beschattet von hohen Bäumen, ist das Ehepaar Meneghini oft hinaufgeschritten, vorbei an Brunnen, Treppen, Lauben, Göttern, Nymphen, Putten: bis zu den Säulen der Villa Cortine.

Ein Bildhauer aus Vicenza schuf für den Park vor der Villa ungezählte Nymphen und Vasen, Brunnen und Götter, sogar eine steinerne Leda mit Schwan.

VILLA CORTINE

Die reichen Venezianer schmückten ihre Landsitze mit neckischen Putten und kostbaren Fresken, tänzelnden Knaben, schnäbelnden Schwänen, harfenden Engeln, hoppelnden Hasen . . .

„In den Prunkräumen hat die Callas mit ihrem Mann viele Feste gefeiert", erzählt der Portier Mauritio Luise, „der ganze Meneghini-Clan mit den Freunden und Verwandten aus Verona. Und die Villa war voller Musik ..."

Die Villa! Was für eine Untertreibung. Die Villa Cortine ist Tempel. Palais, Palast. Ein österreichischer Adliger hat sie auf der Halbinsel Sirmione gebaut, direkt auf dem Cortine-Gipfel – mit kostbarem Veroneser Marmor, neoklassizistischen Säulen und überwältigendem Blick auf den blauen Spiegel des Gardasees: ein italienischer Traum.

Natürlich hat Graf Kurt von Koseritz Ende des 19. Jahrhunderts versucht, mit diesem Haus an die große Villentradition des Veneto anzuknüpfen, an die neo-antiken Prachtbauten des Architekten Andrea Palladio zwischen Verona und Venedig, die schon Goethe so tief bewunderte.

Denn bereits im 16. Jahrhundert erkannten die reichen Kaufleute Venedigs, daß ihre Zukunft nicht mehr allein auf den Meeren, sondern auch auf dem Lande lag. Sie kauften riesige Güter und bauten sich Besitzungen nach klassischem Muster, majestätisch und schlicht, einbezogen in die Natur, aber innen doch städtisch elegant und mit kunstvollen Fresken verziert.

„... Und hier lebe ich ... in völligem Seelenfrieden, weit weg von jeglicher Unruhe, von Lärm und Sorgen, und bringe meine Zeit mit Lesen und Schreiben zu", teilte bereits Petrarca im Jahr 1373 über die Annehmlichkeiten des Landlebens mit. Und so plante auch der österreichische Graf seinen Lebensabend. Auf dem Cortine-Hügel, nicht weit von den Grotten des Dichters Catull, wollte er sterben.

Aber wie gut, daß sein Schicksal so im Dunst lag wie der See an fast jedem Sommermorgen. 1915 wurde von Koseritz als feindlicher Ausländer abgeschoben. Und in die Villa mit ihren Löwen, Pfauen und Meer-Jungfrauen auf den Deckenfresken, den neckischen Putten, tänzelnden Knaben, schnäbelnden Schwänen schleppten sich blutwunde Soldaten; die Villa wurde Lazarett.

Im zweiten Weltkrieg saßen dann Nazis unter den harfenden Engeln und hoppelnden Hasen, später zogen die Amerikaner auf den strategisch so günstigen und ästhetisch so angenehmen Platz.

Die harmlosen Zimmer im Anbau paßten genau so gut zu einem City-Hotel. Aber man darf hoffen: Die Villa wird Zug um Zug renoviert.

VILLA CORTINE

Als die Callas ihre Gäste in die Prunkräume bat (und Ira von Fürstenberg, mit 14 Jahren fast noch ein Kind, dort ihre Hochzeit mit dem Prinzen Alfonso von Hohenlohe feierte), war die Villa bereits durch die Hände einiger italienischer Industriellenfamilien gegangen; der Familie Donagemma verdankt der ohnedies schon so grandiose Park noch ungezählte Zedern, Zypressen, Koniferen, Statuen und Nymphchen, Neptunbrunnen und eine steinerne Leda samt Schwan; der Familie Signori einen Anbau am Rücken der Villa, aus dem Jahr 1957, der an Häßlichkeit kaum zu überbieten ist.

Dort wohnen heute die Gäste. In Zimmern mit einem Fernseher auf dem Tisch. Und dem profanen Chic eines City-Hotels. Außergewöhnlich sind allein die Preise, die heute dem Kupfer-Unternehmer Ghidini zugute kommen.

Und doch sind die Betten der Villa Cortine Wochen voraus belegt. Nach Ostern, weil im milden Klima Sirmiones der Jasmin an den Hängen blüht. Pfingsten, weil man da schon unten am Badesteg schwimmen kann, im Juli, August – weil in Verona Festspiele sind.

Die Arena. Am 3. August 1947 gab dort eine unbekannte Griechin aus New York ihr italienisches Debüt. Maria Callas. Ein kleiner dicklicher Mann, ein ältlicher Provinz-Bonvivant aus der Region, wich der jungen Sängerin damals nicht von der Seite, Battista Meneghini, Ziegelsteinfabrikant.

Er legte der Callas sein Verona zu Füßen. Flanierte mit ihr über die berühmten Marmorpflaster des Listòn, naschte unter den weißen Sonnenschirmen der Piazza Erbe Delikatessen auf dem Markt, zeigte ihr die roten Dächer des Torre del Lamberti, die silbernen Schleifen des Flusses und die Pfirsichtäler der Umgebung. Und ganz sicher zeigte er ihr Veronas Balkone, weil von einem einst eine Julia ihren Romeo bezauberte... noch heute hängen Grünpflanzen so weit von den Geländern herab, daß der Wind damit spielt, als wären es Schleier.

„Er will mich heiraten", schreibt die Callas an ihre Mutter. „Er ist 53... was meinst Du dazu? Er ist sehr reich und er liebt mich leidenschaftlich."

Die Villa, die das Ehepaar Meneghini-Callas später in Sirmione bezieht, ist genauso grauenvoll eingerichtet wie die Wohnungen in Verona und Mailand zuvor. Viel Barock, Gold, Chinoiserien, Seidenteppiche, bombastische Spiegel, Renaissance-Schinken an den Wänden und im Schlafzimmer ein Doppelbett aus dem 18. Jahrhundert mit geschnitzten Blumen und bemaltem Kopfstück, das private Haus als Nippes-Bühne.

Und doch nichts im Vergleich zu der Theaterkulisse der Villa Cortine, der Eleganz der Salons, dem würdigen Pomp des Parks.

Schnell. Nehmen Sie ihren Griechen oder ihre Griechin an die Hand und ziehen Sie für ein Wochenende auf den Cortine-Hügel nach Sirmione. Essen sie mittags gegrille Lachsforelle im Restaurant am Badesteg. Trinken Sie Tee in den Korbstühlen auf der Terrasse im 1. Stock. Genießen Sie Champagner unter den Arkaden hoch über dem See. Von hier aus sehen die pittoresken Portale und Türme von Sirmione so unwirklich wie ein Bühnenbild aus.

Seien Sie reich, schön, glücklich, seien Sie Maria Callas und Onassis für diese eine Sternennacht. Und freuen Sie sich, daß die Zukunft mit Schleiern verhängt ist wie der Spiegel des Sees am nächsten Morgen.

Pfingsten kann man auf diesem Steg schon Sonnenbaden. Im Sommer ißt man unten am See Forellen, frisch gegrillt, und trinkt dazu einen Lugana-Wein, gut gekühlt.

POSITANO
LE SIRENUSE

Wie ein Bühnenbild sieht Positano an den pittoresken Felsen der Amalfi-Küste aus, zauberhaft und unwirklich zugleich. Früher verlebten die Marcheses von Sersale aus Neapel die heißen Sommer an diesem magischen Ort. Heute heißt Antonio, ein Neffe des unvergessenen Paolo Sersale, Gäste aus der ganzen Welt in dem roten Haus am Berg willkommen. Sie genießen die Ruhe am Pool, die blumenüberwucherten Terrassen und verschwiegenen Buchten. Im „Le Sirenuse" wird das Italien unserer Sehnsucht noch einmal wach. Alles Theater?

Das Meer ist immer dabei, ob im Badezimmer oder am Hotelpool, das Meer gehört immer dazu – und die Inseln der Sirenen, deren Schönheit schon Odysseus erlag.

Wenn man einen Ort so schön wie Positano findet, ist der erste Impuls, den Platz zu verschweigen", schreibt John Steinbeck. „Du denkst, wenn ich es verrate, kommen die Touristen ... die Einheimischen entdecken das Geschäft, und dein Lieblingsplatz fährt zur Hölle."

In der Hölle würde Positano längst angekommen sein, denken wir auf dem Flug nach Neapel. Schließlich hat für uns auch der klassische Seufzer: *Neapel sehen und sterben!* längst eine sehr viel direktere Bedeutung bekommen als zu Zeiten der italienischen Bildungs- und Erbauungsreise. *La Divina Amalfitana*, die göttliche Küste, fällt uns bei dem Wort Neapel nun wirklich nicht mehr ein. Sondern Schlagzeilen wie Camorra-Terror und Wohnungsnot, Cholera-Gefahr und Abgas-Pest. Stadt des Schreckens zu Füßen des Vesuv.

Vom Flughafen direkt auf die Autobahn. Neapel bleibt links liegen. Doch was erwartet uns in Positano? Ein Luxushotel zwischen Appartement-Blocks und betonierter Promenade?

„In Positano besteht dafür nicht die geringste Gefahr ...", glaubt John Steinbeck im Jahr 1959. „Jeder Felsen ist besetzt. Außer ein paar eingefallenen Häusern ganz oben, wird jeder Platz genutzt. Und die Menschen von Positano verkaufen nicht gern. Sie sind seltsame Menschen."

Kurve um Kurve. Hupkonzert und Autobusse. Waghalsige Ausblicke auf Fels und Meer. Doch da!

Plötzlich ein Gewirr von Häusern am Hang, bunt und fröhlich sieht das aus, ganz so als seien da Bauklötze über einen Berg gepurzelt und dann einfach liegen-

Für Augen, Magen und Seele gibt's an dieser Küste reichlich Nahrung. Zum Lunch wird Wein aus Umbrien serviert – vom Gut der Familie Sersale.

In allen Zimmern sind edle Antiquitäten mit südlicher Leichtigkeit verteilt. Unter diesem Baldachin träumte schon die englische Prinzessin Margaret.

geblieben, auf- und neben- und übereinander, kreuz und quer: Positano.

Langsam fahren wir die schmale Straße hinunter. Aus den zerfallenen Häusern sind inzwischen Villen geworden. Und viele waghalsige Neubauten haben sich noch dazwischen gezwängt, Boutiquen, Bars und Pensionen, alles sehr sauber, herausgeputzt, wie geleckt. Aber noch immer beherrscht die riesige Kuppel der Kirche unten am Wasser den pittoresken Ort, stürzen Hunderte von Treppen und nur eine Gasse den steilen Hang herunter zum Hafen. Das große Bild ist geblieben von der kleinen Stadt.

Es ist dasselbe Bild, das John Steinbeck vor Augen hatte, als er hier im Jahr 1944 als Kriegsberichterstatter landete und der Ort voller Emigranten war. Sogar das „Buca di Bacco" gibt es noch, wo später Yehudi Menuhin zum Schrecken der einheimischen Kellner einen ganzen gekochten Lammkopf verspeiste und schon Gustav Gründgens vor dem Essen einen Pimm's Nr. One mit frischer Minze und Gurkenscheiben nahm.

Poeten, Maler, Einsiedler, Träumer, Dichter hat es zu diesem Ort am Meer gezogen, „weltquere Käuze", wie sie Stefan Andres nannte, der hier zwischen 1933 und 1949 mit seiner jüdischen Frau Zuflucht fand (und sich dafür mit seinen „Geschichten einer Stadt am Meer" bedankte).

Schutz in Positano suchten aber auch italienische Familien. Vor den Bombenangriffen in Neapel flohen sie in ihre Sommervillen. Eines der prächtigsten Häuser besaß natürlich die Familie Sersale, die zu den ältesten Adelsgeschlechtern Italiens zählt, weil sich ihre Wurzeln bis ins Jahr 1071 verfolgen lassen. Ein rotes Haus, die Terrassen blütenumwuchert, wie schwebend über der Kirchenkuppel und dem Meer.

Gleich nach dem Krieg wurde der junge Marchese Paolo Sersale Bürgermeister von Positano. „Dauernd kamen Freunde ins Haus. Und wir haben bemerkenswerte Parties gefeiert – bis tief in den Morgen." Der grauhaarige Mann, den alle nur Don Paolo nannten, lächelte. Er schaute über die Kuppel der Kirche hinaus aufs Wasser, bis hin zu den Galli-Inseln am Horizont. Dort haben der Sage nach die Sirenen Odysseus becirct. „Ich wollte das angenehme Leben

Die Gärten von Positano. Was für eine Übertreibung! Auf Terrassen und Balkonen wuchern Geranien, Clematis, Rosen und Jasmin – den ganzen Sommer lang.

weiterführen. Aber mein Bürgermeister-Job war ehrenamtlich. Und die Familie hatte Besitz aber kein Geld."

Im Jahr 1951 setzte sich der junge Paolo durch: Die ehrwürdige Villa wurde ein Hotel. Zusammen mit seinen Geschwistern Anna, Aldo und Francesco nannte er das Sechs-Zimmer-Haus „Le Sirenuse" – nach den Sirenen am Horizont.

Heute gehört das Hotel zu den „Leading Hotels of the world", es hat über sechzig Zimmer und Suiten, einen Pool, in dem man zwischen Häusern und Mittelmeer wie in einer künstlichen Theaterkulisse schwimmt, Jaccuzzis im Bad – mit Blick zum Wasser und Salons für Konferenzen.

Den Charme des Hauses aber macht die Familie Sersale aus. „Sehen Sie das Porträt an der Wand?" fragte Don Paolo und zeigte auf einen Vorfahren aus dem 18. Jahrhundert. Es wurde gestohlen, ist aber dann zusammen mit anderem Diebesgut wieder aufgetaucht. Paolo ging zur Polizei. „Die haben gelacht, als sie mich sahen. Keine Frage, Marchese, wir haben ihr Bild: Sie haben ja genau dieselbe Nase!"

Stundenlang konnte man mit Don Paolo durch das „Sirenuse" gehen. Denn die Sersales waren und sind Sammler. Dort Sonnenschirmchen und uralte Fächer, da Seekarten, Tabernakel-Schränkchen, Paß-Formulare aus dem Mittelalter. „Sehen Sie diesen Kardinal?" Ein Herr in Rot lächelt von der Wand. „Das ist Cardinale Antonio Sersale (1702 bis 1775)", erzählt der Nachfahre stolz, „um ein Haar wäre er Papst geworden." – Ein paar Monate später stirbt der wunderbare Don Paolo, ach, viel zu früh. Und sein junger Neffe führt nun das Haus. Dessen Name? – Antonio Sersale. Das ist kein schlechtes Omen.

Die Küche spielte bei den bedeutenden Familien Neapels eine große Rolle. Neue Kreationen der Köche bekamen den Namen des Dienstherrn. *Pizza alle Campofranco, Maccheroni alle Campolattaro...* Wir essen im Hotelrestaurant „La Sponda" und kommen uns wie die Fürsten vor. Sternschnuppen fallen vom Himmel, im Wasser spiegeln sich die Lichter der Fischerboote, und auf dem Teller *cucina Napoletana*, also Gratin von Auberginen mit Mozarella und Basilikum, Spaghetti mit Zucchini und frische Fische mit aromatischen Kräutern. Die Köstlichkeiten vom Dessertwagen und der Wein (vom familieneigenen Gut in Umbrien) werden uns unvergeßlich sein.

Nein, Sorgen hat das „Sirenuse" mit seinen Gästen nicht, sie kommen immer wieder, schreiben dem Personal, schicken Päckchen mit Kleidern zu Weihnachten, *second hand* für die Zimmermädchen.

Natürlich kann man mit dem Flugboot nach Capri fahren (das dauert nicht mal eine halbe Stunde) oder mit dem Auto die Küste entlang klettern und magische Orte besuchen wie Ravello oder Paestum.

Wir aber haben nur ein Wochenende. Und genießen es, faul zu sein. Jeden Morgen sticht die Yacht des „Sirenuse" in See, ankert in türkisblauen Buchten, an verschwiegenen Fischerkneipen, wo man von dem guten Weizenbauernbrot und den *Alici marinate*, den frischen Sardellen in Marinade, schon satt ist, bevor der Raukensalat und die gegrillte Seezunge kommen.

Am Nachmittag erkunden wir die Treppen und Gärten Positanos, trinken auf der Straße Espresso, stöbern in den Boutiquen und geraten in diesen „herrlich schwebenden Zustand" wie schon Tausende Touristen zuvor.

Regelrecht abgehoben aber sind wir auf der Felsennase von St. Pietro. Da versteckt sich unter der alten Kapelle ein Hotel, bedeckt von Pflanzen, Ranken, Blüten. Wenn die Felsenküste sich in der Dämmerung mit Schleiern verhängt, und die Papageien auf der Terrasse nur noch leise plaudern, müssen Sie Prosecco trinken, so lange, bis Sie die Lichter von Amalfi und Positano glitzern sehen, Sie werden es nicht vergessen.

Das Hotel St. Pietro ist grandios und beeindruckend (ein Fahrstuhl führt direkt zum Tennisplatz am Meer) aber, sagen die Gäste des „Sirenuse" mit leiser Geringschätzung: Es ist alles sehr neu und sehr golden, nicht?

„Positano ist ein Traum, der nie wirklich wird, solang man dort weilt, und erst real wird, wenn man wieder fort ist." Das hat John Steinbeck geschrieben, „krank vor Sehnsucht".

Und auch wir nehmen ein kleines Stück Himmel mit, damit wir die nächsten Regentage zuhause überstehen.

FLORENZ
VILLA SAN MICHELE

Himmlischen Frieden schenkt die „Villa San Michele“, ein ehemaliges Franziskaner-Kloster über den Hügeln von Florenz, dem kunstsinnigen Toskana-Pilger. Noch immer ist die Villa mehr als ein Hotel. Sie ist Mythos, Museum, Kloster und Legende, ein Wallfahrtsort für Kenner und Genießer. Machen Sie einen Spaziergang im Oleanderduft der hängenden Gärten, oder lunchen Sie in der Loggia im goldenen Mittagslicht – Sie werden andächtig sein vor Glück.

Bischöfe müßten hier residieren, Mönche zwischen den Arkaden wandeln, aber stattdessen heißen freundliche Portiers willkommen – in der ehemaligen Klosterkapelle …

RESPICE IN FACIEM CHRISTI TUI

Mitte der sechziger Jahre war ich mit den Eltern zum ersten Mal in der Toskana, eine Bildungsreise: Sienna, Perugia, Florenz. Zwei Bilder hielten dem Vergessen stand: Botticellis „Geburt der Venus", so nackt und traurig inmitten der ins Museum drängenden Menschenmassen; und ein Mittagessen in der Loggia der „Villa San Michele".

Natürlich hätte der Dom von Florenz einen intensiveren Eindruck hinterlassen müssen ... aber unvergessen über Jahre blieb nun mal das Nudelessen in den grünen Hügeln über der Stadt. Es muß schon Herbst gewesen sein, denn die Sonne schickte schräge Strahlen in den langen schmalen Gang. Tisch an Tisch war dort an den offenen Rundbögen der Loggia aufgereiht, wie Logenplätze im Theater, mit Blick auf die tief unten im Dunst liegende Stadt. Fast alle Plätze waren besetzt: Kellner balancierten große Pastaschüsseln und Antipasti-Platten, Weine wurden entkorkt, Wasserkaraffen gefüllt. Und doch schienen alle Geräusche zwischen den dicken Mauern des ehemaligen Klosters wie gedämpft, die Menschen sahen schön und elegant aus im goldenen Licht, sie wirkten gleichzeitig andächtig und entspannt, der ganze Ort schwebte, war auf zauberische Weise vom Alltag gelöst. Eine Himmelsterrasse, inmitten italienischer Gärten, die genauso verschwenderisch und kostbar aussahen wie auf Florentiner Gemälden des frühen 15. Jahrhunderts.

Die nächsten Jahrzehnte war ich oft in der Toskana, mitten drin in den Weinbergen, in rustikalen Herrenhäusern und auf bäuerlichen Gehöften, die Kunstzentren wegen Hitze und Überfüllung meidend. Die „Villa San Michele" blieb in der Erinnerung wie ein ferner Traum.

Nie würde ich jemandem raten, solch eine Reiseerfahrung aus Kindheitstagen aufzufrischen. Die Wirklichkeit ist mit der Erfüllung von Träumen überfordert, Enttäuschung programmiert. Und tatsächlich war Florenz im letzten Herbst so voll wie Karstadt beim Sommerschlußverkauf. Menschenschlangen vor den Museen, Abgasschwaden über Straßen und Plätzen.

Die Hügel von Fiesole aber sahen so grün aus wie vor drei Jahrzehnten. (Seit Anfang der 60er Jahre darf auf dem alten etruskischen Boden keine neue Villa mehr entstehen.) Die „Villa San Michele" gehört inzwischen zur „Orient-Express-Gruppe", die in Italien Spitzenhotels wie „Splendido" (Portofino) oder „Cipriani" (Venedig) unterhält. Juniorsuiten sollen eingerichtet, der Pool samt Nebenhäusern ausgebaut worden sein, da klopft einem vor dem Wiedersehen doch ein wenig das Herz.

Doch unverändert strahlt die helle Fassade zwischen Lorbeerbäumen und Oleanderbüschen, mit Sicherheit die einzige Hotel-Fassade der Welt, deren Dekor Michelangelo zugeschrieben werden darf. Auch das Foyer liegt unverändert da, mehr Klosterkapelle als Hotellobby, würdig und kühl, mit schweren Lüstern und einem Altaraufsatz im Hintergrund.

Bischöfe müßten hier residieren, Mönche in den Arkadenhöfen wandeln, aber stattdessen heißen uns freundliche Portiers willkommen. Bis in die ersten Jahre des 19. Jahrhunderts haben die Franziskaner hier gelebt; 1808 wurde das Kloster von Napoleon säkularisiert. 1900 geriet es schließlich in die Hände eines New Yorker Finanziers. Henry White Cannon liebte die Villa, ließ sie rosa anpinseln und schmückte sie unter anderem mit schmiedeeisernen Gittern und einem kunstvollen Glasdach

Eine Himmelsterrasse ist die Loggia der Villa – mithin die eleganteste Eßadresse von Florenz. Hier sitzt man Tisch an Tisch hübsch aufgereiht, und der Alltag ist weit.

über dem Innenhof. Der nächste Besitzer, der kunstsinnige Pariser Lucien Teissier, befreite das Haus wieder von allem viktorianisch-amerikanischen Schnickschnack und gab dem im 2. Weltkrieg überdies arg ramponierten Kloster das klassisch, klare Aussehen des 16. Jahrhunderts zurück.

Das ging ins Geld, und Monsieur war gezwungen, über Einnahmequellen nachzudenken; er verwandelte Haus und Kapelle behutsam um in ein Hotel.

Wir beziehen die „Michelangelo-Suite", die als eine der schönsten der Welt gilt. Uns ist sie fast zu wuchtig. Das riesige von einem Baldachin gekrönte Bett thront auf einem Podest (mit Lämpchen – gegen Fehltritte in der Nacht), zu jedem Fenster führen drei steinerne Treppen, der Kamin ist mannshoch. Wie sich in diesem Zimmer wohl Churchill und Kissinger gefühlt haben? Wie Renaissance-Fürsten? Oder war es in Wahrheit einem Mann wie Hitchcock nicht doch ein bißchen unheimlich? Und Beatrix von Holland, allein im großen Bett, nicht doch recht kalt und ungemütlich?

Leichter, italienischer fanden wir die neuen Juniorsuiten, die, geschickt versteckt unter den alten Gartenterrassen, einen eigenen luftigen Sitzplatz im Grünen haben. Unser Honeymoon-Traum aber wären die beiden neuen Appartements (Nr. 42 und 44) in der ehemaligen Orangerie. Hier lebt man – in dezentem Abstand vom Hotel – wie in der eigenen Villa. Der Roomservice serviert. Den besten Ziegenkäse von Siena und soviel „Gelati e Sorbetti fatti a la Casa", wie das Herz begehrt, auf die eigene Terrasse, bevor man sich, einige Stufen höher, an den Rand des wohl schönsten Pools der gesamten Toskana zwischen Rosen bettet.

Vor diesem Glück steht freilich – der Preis. Der tut in der „Villa San Michele" noch mehr weh als anderswo. Denn dieses Haus läßt sich nicht nur Service und Ambiente bezahlen, die Hälfte ist wohl der Eintrittspreis – in die Schönheit und

Ehrwürdig ist die „Michelangelo-Suite", riesig der Baldachin, unter dem sich schon viele illustre Häupter betteten. Uns gefielen dennoch die neuen Garten-Suiten besser.

Klarheit des 16. Jahrhunderts, die klösterliche Ruhe im Zypressen-Hain über der fast erdrückten Stadt.

Wer dafür nicht zahlen kann oder mag, sollte sich zum Lunch oder Dinner anmelden – die Loggia ist immer noch eine Himmelsterrasse mit gedämpften Geräuschen und goldenem Licht; oder, wen auch diese Ausgabe reut, nur ein Glas Champagner in der Cenacolo Bar nehmen und zu zarten Pianoklängen die Abendmahl-Fresken bestaunen, zu denen Amerikaner voller Ehrfurcht „Oh, look! – The last Supper!" sagen.

Wir aßen eine mit Edelkastanien gefüllte Fasanenbrust in Trüffelsauce in der Mittagswärme. Dein Traum hat sich erfüllt, meinte der Lebensgefährte nach einem Spaziergang im Oleanderduft der hängenden Gärten, es ist noch immer ein göttlicher Platz. Ja, sogar die Autos der Gäste hatten es ihm angetan. Direkt vor der von Michelangelo geschmückten Fassade war ein gefährlich aussehendes Monster abgestellt, das der Gefährte als Ferrari erkannte, knallrot und gut 250 000 Mark teuer. Der Besitzer hatte graue Schläfen und ein Goldkettchen am Handgelenk: die junge Begleitung mit den Maßen eines Models trug ein schleifengeschmücktes Hündchen auf dem Arm.

Am nächsten Morgen stand der Prachtferrari immer noch vorm Hoteleingang, die ersten Nebel des Herbstes hatten kleine Silbertropfen auf dem roten Lack hinterlassen. Doch was macht der Besitzer mit dem Goldkettchen am Arm? Er holt etwas aus dem Kofferraum, das wie ein Lappen aussieht. Und tatsächlich, der Mann feudelt seinen 250 000-Mark-Wagen ab, herzinniglich, von ganz oben bis ganz unten; Dach, Fenster, Kotflügel, kein Ritzchen läßt er aus – vor Michelangelos Fassade und dem Wappen derer von Davanzati –, bis das Hündchen auf dem Arm der Freundin gähnt … Die „Villa San Michele" hat sich über die Jahre wirklich kaum verändert.– Nur die Gäste.

Die Bar liegt im ehemaligen Refektorium. Ihren Drink nehmen Gäste bei Piano-Klängen direkt unter einem Abendmahl-Fresko, für die Amerikaner: „The last supper"

MALLORCA
LA RESIDENCIA

Kenner wissen, daß Mallorca mehr ist als Wolkenkratzer und Wurstbuden. Sie genießen die Insel in den Bergen oder an dem unwegsamen Küstenstreifen zwischen Banalbufar und Deyà. Dort scheint die Insel, die einer Sage nach nur aus dem Meer emporgestiegen ist, um sich kurz an der Sonne zu wärmen (und darüber ganz einfach eingedämmert ist - bis zum heutigen Tag), - tatsächlich noch zu schlummern. Und wer in Deyàs Hotel „Residencia" die Stühle kühler Patios genießen darf, der wird den Katalanen Santiago Rusiñol gut verstehen: „Hier spürt man keine Hitze", schrieb der Dichter über Mallorca, seine „Insel der Ruhe", „sondern eine große Lust, ohne Arbeit leben zu können, in wachem Zustand zu schlafen - und so eine Benommenheit, daß man denkt: Ich möchte eine Muschel sein!"

Zwei Herrenhäuser aus dem 16. Jahrhundert bilden das Hotel. Von deren Würde blieb viel erhalten – ob in den Patios oder am Pool.

LA RESIDENCIA

Als wir hörten, das ZDF würde seine Serie „Hotel Paradies" in Deyà drehen, sind wir natürlich erschrocken. Denn bisher ist die Westküste Mallorcas, dieser dramatisch zerklüftete Küstenstreifen zwischen Banalbufar und Deyà, mehr für uns gewesen als ein Urlaubsort. Es war eine Art Zuflucht, Sonnen-Seite unseres Lebens, Tankstelle für die Seele.

Würden fortan Busse kommen wie in das mit der „Schwarzwaldklinik" schwer geschlagene Glottertal? – Und die Bars plötzlich Namen tragen wie in Mallorcas Osten – „Schluckspecht" oder „Kölsches Eck"?

Aber wahrscheinlich ist die Gegend um Deyà einfach zu unwegsam. Mallorca hat wenigstens diese Attacke unbeschadet überstanden. Die Touristen-Hochburgen konzentrieren sich weiterhin an der Ostküste zwischen Can Pastilla und Arenal, eine Mischung aus Rio und Rüdesheim – mit Ententanz und Jägerschnitzel.

Golf-Touristen zieht es ins spießige „Son Vida" bei Palma oder ins hübsche kleine „La Rotana" bei Manacor; Villen- und Yachtbesitzer ins Restaurant „Tristan" im Hafen von Portals Nous. Und die Genießer und Eigenbrötler, Liebespaare und Ein-

Das zartrosa Lamm in der Olivenkruste hat der Franke Josef Sauerschell gegart – ein Meister leichter Mittelmeer-Küche.

In lauen Sommernächten leuchten
die Kerzen auf der Terrasse des Restaurants
„El Olivo", einer ehemaligen Ölmühle.

samkeitsträumer fahren wie ehedem sofort nach Westen, dahin, wo das Gebirge mit großer Gebärde ins Meer fällt.

Wie gut schmeckt der erste Kaffee in Valdemosa. Im Herbst oder Frühjahr, wenn es keine Besuchergruppen gibt, machen wir dort die erste Rast, in diesem Bergnest, das noch heute von zwei Berühmtheiten zehrt: dem Komponisten Frédéric Chopin und der Schriftstellerin George Sand.

In der Hauptsaison tun alle so, als hätte das illustre Paar im dortigen Karthäuserkloster ein reich erfülltes Künstlerleben geführt – und nicht nur drei armselige Winter-Monate gefroren.

„Das Kloster war für ihn voller Schrekken und Gespenster", hat George Sand, die exzentrische Geliebte, in ihrem Buch „Ein Winter auf Mallorca" über ihren zarten Freund geschrieben, der aussah „wie ein Prinz", Lackschuhe liebte und Handschuhe aus Seide. Und natürlich überhaupt nicht in das kalte Kloster paßte, das noch erfüllt war von Weihrauch und Gebeten (die Mönche hatte man erst drei Jahre zuvor im Zug der Revolution verjagt).

Dann führt die Straße in Richtung Deyà in die Stille der Olivenhaine. Olivenbäume kilometerweit und über tausend Jahre alt, Stämme, die sich auf dem Boden krümmen, wälzen, drehen, verknoten, als könnten sie Früchte nur unter Qualen gebären. George Sand fühlte sich zwischen diesen uralten Bäumen „mitten unter Ungeheuern", sie sah ihre Fratzen und Grimassen, „gleich Drachen mit gähnenden Rachen ... gleich schlafenden Boaschlangen ..." Eines der Wunder von Mallorca.

Jahrzehntelang gab es in Deyà nur ein größeres Hotel – und das auch nur im Sommer: das „Es Moli". Als Traumhotel wäre es uns trotz seiner herrlichen Lage nie in den Sinn gekommen, und auch Produzent Wolfgang Rademann, der im „Es Moli" sein „Hotel Paradies" gefunden hatte, mußte mächtig mogeln. Alle Innenaufnahmen wurden in Berlin Tempelhof gedreht. Und ein fremder Strand drangeklebt. Vom „Es Moli" kam nur der Garten ins Bild.

Das eigentliche Paradies aber blieb verschont. Seit 1984 gibt es in Deyà nämlich das „La Residencia", für uns das schönste Hotel am schönsten Platz der Insel. Denn Deyà liegt genau zwischen Himmel und

Der Berliner Alexander Ball hat zusammen mit seiner amerikanischen Frau Kristen das Haus mit spanischer Strenge eingerichtet.

Meer, an den Flanken einer 1200 Meter hohen Bergkette. Ein Dorf mit einer Kirche, zwei Museen, ein paar Boutiquen, einigen Bars, vielen Künstlern, Ausgeflippten, Verrückten und Hunderten von Gärten.

Deyàs Gärten. Anfang Februar sehen sie aus wie frisch verschneit, das ist die Zeit der Mandelblüte, in der sich Bäume in Hochzeitssträuße verwandeln. Ostern liegen blühende Mimosenzweige auf verwitterten Mauern, ganz so als könnten sie die Blütenpracht nicht aus eigener Kraft tragen, und die Zitronen- und Orangenbäume prunken mit ihren Früchten.

Mitten in dieser alten Kulturlandschaft hat der gebürtige Berliner Alexander Ball zwei Herrenhäuser aus dem 16. Jahrhundert zu einem Hotel umgebaut, zu einem Haus mit Tonfliesen auf den Böden und schweren Truhen in den Fluren, mit moderner Kunst auf weißgetünchten Wänden, bequemen Korbstühlen und wuchtigen Himmelbetten in den Zimmern.

Ball, Kenner und Liebhaber neuer und alter mallorquinischer Kunst, hat auch den Bau der neuen Garten-Dependance überwacht, die zusätzlich eröffnet wurde. Finanziell aber ist das Haus inzwischen mehrheitlich in englischer Hand. Richard Branson, englische Ausgabe eines Hansdampfs in allen Gassen, hat sich beteiligt.

Das läßt für die Zukunft des Hauses, man denkt zum Beispiel an den Bau eines Indoor-Pools mit Sauna, durchaus hoffen. Richard Branson, früher übrigens mit Balls Ehefrau Kristen Tomassi verbandelt, zählt seit dem Verkauf seiner „Virgin Music Group" zu den zehn reichsten Unternehmern Englands.

So etwas wie toskanische Ruhe liegt über dem „Residencia". Es gibt Gäste, die verlassen tagelang den Frieden der Terrassen nicht. Sie lesen und atmen die tausend Düfte aus den Gärten. Andere steigen hoch in die Berge und picknicken mit Blick aufs unendlich blaue Meer.

Nur im Winter, wenn die Bergspitzen im Nebel liegen und kühler Regen fällt, entdecken Gäste, daß der Service des Hotels nicht ganz so perfekt ist, wie er tut. Frotteemäntel fehlen im Bad, die Betten werden abends nicht regelmäßig aufgedeckt, die Rezeption vergißt auch mal einen Anruf weiterzugeben…

Aber in den Sommermonaten überstrahlt die Sonne alles. Das Meer ist nah. Und orientalische Gelassenheit liegt über Deyà. Hier scheint die Insel, die einer Sage nach nur aus dem Meer emporgestiegen ist, um sich kurz an der Sonne zu wärmen (und darüber ganz einfach eingedämmert ist – bis zum heutigen Tag), tatsächlich noch zu schlummern.

Kommen Sie Ende September, wenn die Massen abgezogen sind, aber die Kerzen noch auf der Terrasse brennen. Lassen Sie sich von Josef Sauerschell verwöhnen, der in „Brenners Parkhotel" in Baden-Baden gelernt hat und jetzt kocht, als hätte er nie etwas anderes zubereitet als Nagelrochen, St. Petersfisch und Lamm.

Trinken Sie ein Glas guten spanischen Sekt und warten Sie auf den Sonnenuntergang. „Manchmal schwammen unsere Zypressen mit ihren Wipfeln in dem Glutmeer; die Kronen unserer Palmen glichen Rubinbüscheln…", beschrieb es George Sand. Und kommen Sie schnell, bevor der Produzent Wolfgang Rademann vielleicht noch ein „Traumschiff" vor Deyàs Felsenküste ankern läßt. Man weiß ja nie.

Die Patios ähneln den Innenhöfen von Palmas' Palästen, in denen Springbrunnen stäuben und Palmwedel rascheln – kaum traut man sich ihre Schatten zu stören.

ANDALUSIEN
LA BOBADILLA

Wild ist diese Landschaft. Rote Felsen, zerrissene Schluchten und darüber Wolkenschlieren, vom Wind zerzaust; und zart ist diese Landschaft, anmutig und weich, Olivenhügel bis hin zum Horizont, Schafherden und Mandeltäler. Und genau dort, mitten im Herzen Andalusiens, zwischen Granada und der Küste, liegt ein Hotel, genannt nach Bobadil, dem letzten Maurenkönig: »La Bobadilla«. Viele Wunder der Alhambra werden da wieder wahr: der Rosenduft in den Gärten, die plätschernden Wasser in den Brunnen, die Köstlichkeiten aus der Küche, die schattige Kühle der Suiten, der Sternenglanz in der Nacht.

Das Hotel sieht aus wie ein andalusisches Dorf. Rundum nichts als schöne Stille. Morgens weckt ein Hahnenschrei. Und ein Frühstück erster Klasse.

Granada liegt noch im Morgendunst. Nur Albacíen, das arabische Viertel, bekommt ein paar Sonnenstrahlen ab, und für Minuten fällt Gold auf das Labyrinth aus Treppen, Gassen und Zypressen, Villen, Zisternen, Kirchtürmen und Moscheen.

Abschied von der Alhambra. Sitz der letzten Mauren in Spanien. Festungsanlage und Palaststadt. – Warum hat mich dieses Bauwerk so bewegt? – Es ist nicht die Pracht des königlichen Palastes, die Macht der alten Burg, der ornamentale Reichtum, die Üppigkeit der Gärten. Es ist das Leichte, Spielerische, das so verzaubert, das Spiel mit Wasser und Licht, mit Säulen und mit Stuck.

Die Alhambra ist Märchen. Geheimnis. Poesie. Alles ist zart und fein und mild – wie von Feenhänden geschaffen. Die Alhambra ist ein sehr weibliches Kunstwerk. „Ein Bau", so schrieb der Arabist Emilio García Gomes, „wie eine Liebkosung."

Ein letzter Blick. Hier, am Rande der Alpujarra-Berge, stand im Januar 1492 auch der unglückliche Bobadil, Spaniens letzter Maurenkönig. Kampflos, gedemütigt hat er die Stadt auf der Flucht vor den Christen verlassen müssen. Er würde die weißen Gipfel der Sierra Nevada nie wieder sehen. Bobadil weinte. *Cuesta de las Lagrimas* heißt seitdem dieser Platz. Tränenhügel.

Kein Ginster hat damals im Winter an den Hängen geleuchtet, als der traurige König zur Küste ritt. Kein Oleander in ausgetrockneten Flußläufen geblüht wie jetzt, rosarote Linien, die sich irgendwo in der Landschaft verlieren wie später die Spuren des Bobadil.

Wild ist diese Landschaft, rote Felsen, zerrissene Schluchten und darüber Wol-

Essen ist im „Bobadilla" eine Lust! Täglich frische Langusten von der Küste und Salate, Kräuter, Gänse, Enten von eigenen Feldern und aus eigener Zucht.

Ein Foyer mit schwebenden Rundbögen und zerbrechlich wirkenden Marmorsäulen – so kostbar und kunstvoll wie in der Alhambra von Granada.

kenschlieren, vom Wind zerzaust; und zart ist diese Landschaft, anmutig und weich, Olivenhügel bis hin zum Horizont, Schafherden und Mandeltäler.

Dort, zwischen Granada und der Küste, mitten im Herzen Andalusiens, liegt ein Hotel, genannt nach Bobadil, dem letzten Mohren: „La Bobadilla".

Und dort möchte ich ausruhen, bevor ich nach Marbella zu den Mauren unserer Tage fahre: *Los Moros*, die Scheichs, die heute in klimatisierten Villen sitzen, von Alarmanlagen und Leibwächtern umringt, und in Puerto Banús ihre Hubschrauber auf Yachten parken.

Hinter dem Bauerndorf Salinas plötzlich bunte Fahnen, ein großes Tor, eine Auffahrt. Dann, nach einer Kurve, das Hotel. Es sieht aus wie ein andalusisches Dorf. Grell weiß liegt es in der Mittagssonne. Der höchste Punkt ist die Kirchturmspitze. Ein Dorfplatz mit Bäumen und Springbrunnen.

Ein Foyer mit Marmorsäulen. Diese behutsamen Schatten kenne ich doch, die schwebenden Rundbögen, die zerbrechlichen Säulen. Es sind die gleichen weichen Schatten wie in der Alhambra. Die Säulen des Löwenhofs.

„Wir haben für Sie die Suite Nummer 5 reserviert", sagt die Dame an der Rezeption.

Aber das ist keine Suite. Das ist ein richtiges Haus. Vor dem Wohnzimmer führt ein kleiner Balkon in den Rosengarten; ein paar Stufen höher liegt das Schlafzimmer. Doch wohin führt die steile Treppe?

Vorsichtig klettere ich hinauf und stehe schließlich auf der eigenen Dachterrasse: rundum nichts als Himmel und Ketten blauer Berge. Bei einem Glas Sherry schaue ich zu, wie sich rotgoldene Schleier auf die Landschaft legen. Ein Hund bellt. Eine Schafherde klingelt vorbei, dann nichts als schöne Stille.

„Dieses Land habe nicht ich gewählt. Dieses Land hat mich gewählt", gesteht später Rudolf Karl Staab, früher Wirtschaftsingenieur und Unternehmensberater, heute Besitzer des „Bobadilla". Ohne große Lust war er an einem Regentag auf diesen Hügel gefahren. Man hatte ihm in seinem Urlaubshotel in Marbella Grundstücke angeboten. „Es goß in Strömen. Und dennoch: ich war sofort verliebt." Der Deutsche kauft keine Parzelle. Er kauft das ganze Areal. „Aber zunächst ohne irgendeine Geschäftsidee." Olivenbäume so weit das Auge reicht. Nur auf dem Hügel eine zerfallene Finca. Staab faßt zwei Entschlüsse. Aus der Finca ein Restaurant zu machen. Und niemals einen Baum zu fällen. Noch während des Baus stellt er fest, daß sein Lokal doch ziemlich abgeschieden liegt. Ein paar Betten würden nicht schaden. Und er merkt, daß sein deutscher Architekt nichts taugt.

Er sucht zehn Monate. Es reisen die erfolggewohnten Architekten aus Marbella an. Die kleben an Reihenhäuser ein paar schmiedeeiserne Balkone und nennen das Luxusresidenz. Staab aber war dem Land verfallen, dessen archaischer Kraft und maurischer Poesie. Er wollten keinen andalusischen Touristenbarock. Da stößt er auf einen jungen Mann, der für die Restaurierung eines Herrenhauses in Granada gerade einen Preis bekommen hat: Jesus de Valle, 27 Jahre alt, frisch von der Universität.

Sie einigen sich auf einen Rohentwurf. Sonst wächst das Hotel wie eine Skulptur. Alles ist improvisiert. Nur so konnten sie entstehen, all die Ecken, Nischen, Winkel, Treppen, Balkone, Bögen, Brunnen …

Jedes Zimmer hat einen anderen Grundriß. Und überall plätschert Wasser, es murmelt in verträumten Höfen und schillert in

In diesem Badezimmer hat schon Juan Carlos geduscht. Aber auch normale Gäste genießen vom Fenster aus einen königlichen Blick – bis hin zur Sierra.

kühlen Marmorbecken, es sprudelt in Brunnen und speist die Bäche und die Goldfischteiche. Wie die Mohren von Granada möchte man das Wasser mit den Augen trinken.

Am Nachmittag sitze ich bei den flüsternden Brunnen im Mirador, einem arabischen Ausguck mit türkisfarbenen Fliesen, und denke an Bobadil und die Mauren. „Zuletzt waren es empfindsame, verfeinerte Menschen", schreibt Washington Irving, der Amerikaner (1783 bis 1859), in seinen „Erzählungen aus der Alhambra". „Sie dachten nur noch an Liebe, Poesie und Musik ..."

Abends ist Konzert in der Dorfkirche. Und der Organist, im Hauptberuf Anwalt in Loja, spielt so wunderbar Bach, daß ich die Japaner beneide, die hier Hochzeit feiern (das Personal wirft bereits routiniert Reis). Aber da intoniert der Anwalt aus Loja schon Sevillanas, andalusische Volkslieder, und nun möchte man nur noch tanzen und mit den Kastagnetten klappern. So viel Rhythmus und Feuer auf einer Orgel!

Im Restaurant „La Finca" probiere ich das Menü, das König Juan Carlos verspeiste, als er das Hotel besuchte: Klare Tomatenessenz mit Trüffeln. Flußlachs aus Asturien. Brüstchen vom Huhn, Kokospudding mit Limonen-Sabayon. Es schmeckte königlich. Kräuter und Gemüse kommen im „Bobadilla" von den eigenen Feldern; Wildschweine, Enten, Lämmer, Kaninchen aus den umliegenden Wäldern und Ställen.

In der Nacht glitzerten die Sterne so verschwenderisch wie an den Prunkdecken der Alhambra. Dazu schien ein silberner Mond, und die Abendluft duftete nach den Rosen der Lustgärten von Granada.

Zum Frühstück kommt hausgemachtes Müsli. Melonen. Säfte. Und der beste Schinken Spaniens, Trevelez-Schinken, getrocknet in der schneekalten Luft der Sierra. Eine Katze schnurrt von Balkon zu Balkon. Wie dieses Tier möchte man jetzt tagelang in der Sonne dösen; sich dann träge in den Schatten schleppen; schlemmen, schnurren ...

Ein letzter Blick. Abschied vom „Bobadilla". Hellweiß leuchtet es zwischen grünen Hügeln. Wie eine Fata Morgana. Ein gebauter Traum. Und ich weine, fast, wie Bobadil. Aber ich werde wiederkommen; in der letzten Sonnenwärme des Oktober, wenn die Spinnen Fäden weben; ich werde im Frühjahr die Margeriten begrüßen und im Mai den gelben Ginster; und ich werde im Sommer über heiße Fliesen laufen und ins Wasser stürzen, die Sterne zählen, auf das Leben trinken, auf die Nacht im Baldachinbett, den Mittagsschlaf im Schatten der Alhambra.

*

Doch nicht nur Träume wiederholen sich, auch die Tragödien. Beim letzten Besuch im „Bobadilla" habe ich einen neuen *Cuesta de las Lagrimas* (Tränenhügel) entdeckt. Statt Christen haben diesmal Gläubiger und Banken das poetische Dasein gestört. Auch der Deutsche Staab mußte – gut ein halbes Jahrtausend nach Bobadil – seinen Palast verlassen.

Geblieben ist das Personal. „Jeder neue Besitzer muß wissen", sagte Aurora an der Rezeption, „daß wir das Bobadilla lieben. Es ist einzigartig. Dafür arbeiten wir."

Der Morgen ist kühl wie Seide. Und doch ahnt man schon die Hitze des Mittags. Ich packe ein paar Badesachen, gehe hinaus auf den Flur. Was schießt da vorbei? Eine Schwalbe zieht einen verwegenen Bogen, sticht herunter in den Innenhof, schwingt sich wieder aufwärts und zwitschert über die Dächer davon.

Die Handwerker aus der Umgebung kombinierten Marmorplatten mit Terrakottafliesen, entwarfen Mosaiken, Kassettendecken und Schnitzereien.

SINTRA
PALACIO DE SETEAIS

Seit Jahrhunderten hat es Könige, Kaufleute und Künstler auf die grünen Hügel von Sintra gezogen. Wo im Sommer Nebelschwaden kühlen und im Winter Blumen blühen. In dieser Hochburg der Romantik, nur dreißig Minuten von Lissabon entfernt, liegt ein Schloß für ein königliches Wochenende: der „Palácio de Seteais". Ein Renaissance-Palast wie aus dem Bilderbuch – mit kostbaren Antiquitäten, Wandmalereien – und einem hauseigenen Triumphbogen.

An dieser Balustrade stand am 25. Juli 1787 bei der Einweihungsparty das Buffet: „mit Blumen aus schierem Silber."

PALACIO DE SETEAIS

Schon morgens brennt über Lissabon die Sonne; und schwimmt Estoril, der Badeort an der Küste, in gleißendem Licht. Nur die Berge von Sintra sind noch verhangen mit Nebelschleiern – als wollten sie ihre Schönheit noch nicht zeigen so früh am Tag.

In Sintra, auf dem „Platz der Republik", erkennt man die Einheimischen an ihren Strickjacken. Die Touristen frösteln in ihren T-Shirts vor dem „Café Paris", denn niemand hat ihnen gesagt, daß hier oben alles anders ist als im nur dreißig Kilometer entfernten Lissabon.

Hier oben finden sich Gärten von so üppigem Grün, als lägen sie in Asien oder Südamerika; hier oben sehen Villen wie Schlösser aus und Paläste wie Kathedralen. Maurische Fürsten haben sich diese Märchen aus Tausend-und-einer-Nacht zwischen diesen Hügeln gebaut und Könige ihre Träume aus Stein.

Sintra, das ist nicht einfach nur ein besonders pittoresker Platz. Sintra ist romantische Vision, Hochburg der Phantasie, Landschaft der Poesie.

Beim ersten Besuch hat uns ein Fremdenführer aus Lissabon in drei Stunden vom Königspalast in Sintra bis zum Schloß Pena auf die Bergspitze gezerrt, dazwischen „Castelo do Mouros", die Maurenburg, und die Gärten von Monserrate. Schon damals schworen wir uns zurückzukehren an diesen Zauberberg, an dem sich morgens die Wolken vom Atlantik fangen und abends die Felsspitzen golden färben im Abendlicht.

Viele Touristen steigen im „Hotel Tivoli Sintra", mitten im Zentrum, ab und sind in diesem Vier-Sterne-Haus sicherlich auch

Die Villen-Besitzer haben in Sintra die Natur gesucht und sie in ihren Häusern gefeiert: mit Wandmalereien und Stuckgirlanden.

Die Salons des „Palácio" sind liebevoll restauriert und beliebt für Empfänge bei Hochzeitern – und Staatsministern.

bestens aufgehoben. Sintra-Liebhaber aber, Leute mit Mut zur Muße und Sinn für portugiesische Geschichte, nähern sich diesem Ort auf anderen Wegen.

Die einen fahren sofort aus dem mit Bussen vollgeparkten Städtchen heraus, vorbei an moosbefleckten Felsen, dämmrigen Laubengängen und efeubeschatteten Mauern, direkt zur „Quinta da Capela", einem Landhaus, eingekuschelt in dichtes Grün, aber mit weitem Blick auf den blaudunstigen Atlantik am Horizont. Noch heute findet sich dort eine verwitterte Kapelle aus dem 16. Jahrhundert, der Gründungszeit des Gutes. Zerstört bei dem großen Erdbeben von 1755, wurde der Landsitz – so wie er jetzt dasteht – 1773 wieder aufgebaut.

Aber Sintra, das ist mehr als ein Ort der Stille und der rustikalen Gediegenheit. Sintra, das ist auch und vor allem ein Platz für Pracht und Verschwendung, Übertreibung und Größenwahn, ein Ort der Palácios und Castelos mit Türmen, Zinnen und verschachtelten Dächern, mit verzierten Spitzbögen und überbordenden Friesen.

Wer sich in die luxuriöse Abgeschiedenheit reicher Aristokraten und Kaufleute des 18. und 19. Jahrhunderts hineinversetzen will, der bucht, näher an der Stadt, im „Palácio de Seteais", einem Hotel mit der atemberaubendsten Fassade auf der ganzen Welt. Denn wo sonst noch verfügte ein Hotel über einen hauseigenen neoklassizistischen Triumphbogen?

Der gebürtige Utrechter Daniel Gildemeester hat sich diesen Palast auf einer dramatischen Bergkuppe gebaut. Warum sich der holländische Konsul so plötzlich von seinen bewegten Diamantengeschäften zurückzog und die Geschäfte dem Sohn überließ, wissen wir nicht. Überliefert ist nur, daß Gildemeester die letzten Jahre seines Lebens in der kühlen Einsamkeit von Sintra verbringen wollte – freilich mit allem Komfort.

„Ich reichte ihr meinen Arm beim Gang zum Nachtessen", berichtet der englische Reisende William Beckford von der prunkvollen Einweihungsparty an der Seite von Madame Gildemeester. „Die Beleuchtung war glänzend, viel Silber, ein enormer Tisch, alle Vorspeisen und Leckerbissen, die man sich vorstellen konnte..."

Manchmal knirscht Kies; sonst dringt nur Vogelgezwitscher und der Duft exotischer Bäume in die Behaglichkeit der Zimmer.

PALACIO DE SETEAIS

An diesem heißen Juli-Tag im Jahr 1787 fehlte noch der Triumphbogen. Fassade und Park, wie wir sie heute kennen, ergänzte erst fünfzehn Jahre später der Marques de Marialva. – Und zu Zeiten von Gildemeester, dem noch zehn Lebensjahre am windumfächelten Hügel von Sintra blieben, trohnte auch noch nicht der sagenhafte Palast von Fernando II auf der Bergkuppe.

Bayerns Neuschwanstein ist von schlichter Ebenmäßigkeit verglichen mit diesem aufgeregten portugiesischen Märchenschloß. Eine eigentümliche Mischung aus maurischen, romanischen, byzantinischen, barocken und gotischen Formen, ein verwirrendes Sammelsurium von Stilelementen und Epochen. Aber nicht Walt Disney sondern ein Deutscher hat es erfunden, Ferdinand von Sachsen-Coburg-Gotha, und zwar dreißig Jahre *vor* den Alpträumen seines königlich-bayerischen Cousins Ludwig II.

Doch Fernando II, wie ihn die Portugiesen nennen, hat nicht nur draußen auf den Dächern Türmchen, Kuppeln und Zinnen auf die Spitze getrieben, sondern auch drinnen im Schloß fleißig aufgehäuft: Meißen- und Sèvres-Porzellan, mannshohe Mohren mit Kandelabern aus Alabaster, Schränkchen aus Ebenholz und Perlmutt, Möbel mit Schnitzereien, Emaillen, Glasuren... Puristen fliehen nach der Besichtigung mit Magenschmerzen in Schloß Penas kultivierten Park.

Aber von den Terrassen und Fenstern des „Palácio de Seteais" sieht Fernandos Schloß in der Dämmerung aus wie ein Märchentraum, andächtig sitzt der Gast im Abendlicht und wartet, bis die ersten Sterne über den goldenen Kuppeln blitzen.

Längst hat der Gast seinen Koffer in einem der geschmackvoll eingerichteten Zimmer ausgepackt; und er hat vielleicht auch schon mittags einen kleinen Salat mit Gambas auf der luftigen Terrasse vor der Bar verzehrt. Er ist im Park zwischen Zedern, Zypressen, Korkeichen und riesigen Pinien gebummelt und hat betörend duftende Kamelien entdeckt; er ist im herrlichen Pool geschwommen und hat in der Abendkühle eine Runde Tennis gespielt.

Jetzt sitzt er bei einem Sherry an der Bar und kann die Schönheit der Antiquitäten und Wandmalereien um ihn herum gar nicht fassen. Ach, wie gerne würden wir ihn jetzt, an dieser Stelle, verlassen.

Denn noch hat der Gast ja nicht zu Abend gegessen. Und es fällt uns wirklich nicht leicht, ihn auch noch in den Speisesaal zu begleiten. Es ist ein Saal wie zu guten alten Palace-Zeiten, in dem würdige ältere Herren mit Ernst und Eleganz matschig gekochte Spargel und trocken gegrillte Fische servieren.

Die portugiesische Küche ist ein Kapitel für sich. Sie hat uns – außer in der „Villa Joya" an der Algarve – noch nie wirklich überzeugt, und dort wird sie von einem Österreicher interpretiert.

Sonst aber ist der „Palácio de Seteais", zur Tivoli-Kette gehörend, exzellent geführt und erträgt gelassen und unaufgeregt, wie es einem großen Haus gebührt, den gleichzeitigen Ansturm eines französischen Filmteams, des portugiesischen Innenministers mit Delegation und einer kleinen feinen Gruppe aus dem amerikanischen Club der Hundertjährigen. – Aber das verwundert im Wunderland Sintra, dem Platz für Schwärmer, Träumer, Verrückte und Kosmopoliten ja eigentlich nicht.

Einen kühlen Drink und einen frischen Salat mit Gambas – diesen Lunch können wir empfehlen. Fürs Abendessen stehen wir nicht gerade.

MURTENSEE
LE VIEUX MANOIR

Noch heute dürfen wir uns daran freuen, daß ein französischer General einst ein solid gestelltes Mädchen im Schweizer Ort Murten freite. Denn so war er in der Lage, sich direkt am beschaulichen Ufer des Murtensees eine Sommerresidenz zu bauen – mit Fachwerk und Spitzgiebeln, Holzbalkonen und Gartenlaube, ein Landhaus mit Pariser Esprit und normannischer Behaglichkeit: das „Vieux Manoir". Heute ist es der geheime Treffpunkt für verliebte Feinschmecker aus ganz Europa.

Der Murtensee ist kein Terrain für Wasserskiläufer und Surfexperten. Hier schaukeln Ruderboote im hoteleigenen Hafen.

LE VIEUX MANOIR

Die Franzosen kommen!" riefen die Kinder von Murten, rannten den Weg zum See herunter, und da fuhren sie tatsächlich gerade mit knirschenden Reifen die Kieseinfahrt vor: eine schwarzblitzende Wagenkolonne direkt aus Paris, schwere Limousinen mit hohen silbergrauen Kühlern und Chauffeuren in Uniform.

Und hat jemand schon solche Hüte gesehen? Wie Wagenräder saßen sie auf den Köpfen der Damen, die auf zierlichen Schuhen vorsichtig über Kieselsteine schritten, gefolgt von einem Troß von Kindermädchen, Hausmädchen, Köchinnen, dazu Handwagen voller Koffer, Taschen, Hutschachteln und Champagnerkisten!

Die Kinder von Murten waren glücklich. General Mallet war wieder da. Der Sommer konnte beginnen.

Die grünen Wälder und Ufer am Murtensee hatte vor der Jahrhundertwende der Schweizer Oberamtmann Chatoney besessen. Er war wohlhabend genug, um seine beiden ländlich-sittlich erzogenen Töchter ins elegante Paris zu schicken – für die gesellschaftliche Fort- und Weiterbildung.

Tatsächlich lernten die Mädchen aus Murten dann nicht nur feine Manieren, sondern auch gleich zwei Generäle aus der französischen Armee kennen. Rasch wurde Hochzeit gefeiert. Die Ausgabe hatte sich also gelohnt.

Das beschauliche Ufer am Murtensee fiel bei der Erbteilung an General Mallet. Und der Franzose war begeistert von der anmutigen Milde der Landschaft, den abendlichen Sonnenuntergängen über dem See. Hier sollte seine Sommerresidenz stehen.

Mehr Zugeständnisse an seine Schweizer Verwandtschaft machte er freilich nicht. Der Landsitz wurde 1906 nicht in bäuerlichem Stil gebaut, sondern streng nach den Plänen eines Hauses, das der General bereits in der Normandie besaß.

So kommt es, daß direkt am rechtschaffenen Murtensee zwischen Fribourg und Bern ein Anwesen mit normannischem Fachwerk und ungezählten Spitzgiebeln steht, mit Pförtnerhaus und eleganter Gartenlaube und säulenverzierten Pariser Zimmern: das „Vieux Manoir".

Heute wundert sich in Murten keine Menschenseele mehr, wenn vor diesem Haus Bentleys oder Jaguars parken, Bundesräte aus Bern absteigen oder feine Hochzeitsgesellschaften aufmarschieren. Denn seit Anfang der Achtziger Jahre gehört das „Vieux Manoir" zu den gepflegtesten Landhotels der Schweiz, ist es geheimer Treffpunkt für Genießer, Lebenskünstler, Liebespaare. Und trotz wechselvoller Geschichte – nach dem ersten Weltkrieg war das Haus mal Kommandozentrale der Schweizer Armee, mal ein Institut für höhere Töchter, mal ein Hotel mit zweifelhaftem Ruf – hat die Residenz am See heute wieder denselben Charme wie zu Zeiten des alten Generals Mallet.

Es ist diese Mischung aus behäbiger Schweizer Gediegenheit und französischem Esprit, die einen von der ersten Stunde an im „Vieux Manoir" gefangen nimmt und in Ferienlaune bringt. Viele Durchreisende gönnen sich hier eine Pause: Im Frühjahr sind es die Skiläufer, die von Norddeutschland bis ins Wallis wollen; von Mai an sind es die Sonnensüchtigen, die vor dem Bad im Mittelmeer noch zwei, drei Tage Atem auf dem Lande schöpfen.

Im Winter wird im „Vieux Manoir" seit Jahren renoviert, ergänzt, verschönert. Viele Zimmer wurden bereits vergrößert und mit Stoffen aufgeputzt.

Denn schöner kann man seinen Urlaub kaum beginnen: bei einem festlichen Essen mit Blick auf den See, einem spritzigen Vully im Glas (er wächst auf dem gegenüberliegenden Ufer) und einem frischen Eglifilet mit Butter und Petersilie auf dem Teller.

Das Direktoren-Ehepaar Elisabeth und Erich Thomas (Eigentümerin ist Anneliese Leu vom Kulmhotel Arosa) hat mit Sinn für die Geschichte des Hauses und mit Freude an kostbaren Designerstoffen die Zimmer dekorieren lassen – raffiniert und rustikal zugleich. Selbst die Flure sind phantasievoll ausgestattet, mit bunten Bordüren, ausgesuchten Antiquitäten und historischen Photos und Stichen an der Wand.

Eine schöne Harmonie liegt über Haus und Park. Im Sommer nichts als Bienengesumm im Schatten der hohen Uferbäume. Trimmfreudige Gäste nimmt Hotelier Thomas morgens auf Radtour mit, einmal rund um den Murtensee, und die können dann soviel Morgenschönheit auf einmal gar nicht fassen. Das mauerbewehrte Murten mit seinen Türmen und Brunnen im ersten Licht, die Rebhänge an den Ufern, die Bauerngärten, Höfe, Blumenwiesen am See. Sommerfrische. Die Landschaft duftet noch wie in Kindheitstagen, süß und würzig und kräftig zugleich, wie die Walderdbeeren, die das Hotel seinen Gästen zum Dessert serviert.

Und es werden wieder Feste gefeiert! Wie damals im „Vieux Manoir“: Geburtstage, Hochzeiten, Taufen, Jubiläen. Mit Champagner, Trüffel und Gänseleber und Silberbesteck auf weißem Damast. Nur die Hüte der Damen sind heute etwas kleiner.

Manchmal, an Spätsommer-Abenden, färbt sich das Wasser purpurrot. „Das ist das Blut der Burgunder“, raunen die Einheimischen dann bedeutungsschwer. Denn ausgerechnet an diesen idyllischen Gestaden haben 1476 die eidgenössischen Vorfahren die Heerscharen von Karl dem Kühnen mit Armbrust und Langspeer in den See getrieben. „Vor lauter Köpfen sah man das Wasser nicht“, beschrieb ein Zeitgenosse das Gemetzel, das noch heute als die bedeutendste Schlacht der Schweiz gefeiert wird. Wir aber erheben das Glas mit Vully und sagen Dank, daß man sich an diesen Ufern nur noch zu Kuchen-Schlachten trifft.

Auch im Restaurant verleugnet das Hotel seine Vergangenheit nicht. Statt währschafter westschweizer Gediegenheit eine Prise großstädtischer Eleganz.

ENGADIN
HOTEL MARGNA

Sils, das ist, wenn die Sonne Millionen von Brillanten im frischen Schnee aufschimmern läßt; Sils, das sind die rötlich glühenden Gletscher des Corvatsch im Abendlicht; Sils, das ist das Glas Dôle in der „Chesa Marquetta" am Dorfplatz; Sils im Engadin, das ist da, „wo die Natur auf wunderliche Weise zugleich wild, feierlich und geheimnisvoll ist." Nietzsche hat dies in einem Zimmer in Sils-Maria geschrieben; das feine „Margna" in Sils-Baselgia hat er sich damals natürlich nicht leisten können.

„ . . . Hier, wo Italien und Finnland zum Bunde zusammengekommen sind und die Heimat aller silbernen Farbtöne der Natur zu sein scheint . . ." (Nietzsche über Sils)

HOTEL MARGNA

HOTEL MARGNA

Das war vielleicht ein Sommer in Sils! „Es ist soviel Neuschnee gefallen, daß die Frauen Leinwand zum Bleichen darauf legen konnten", schreibt Paul Robbi am 6. Juni 1816 in seine Wetterchronik. „Ein Silser, der soeben ein Haus baut, führt Baumaterial mit dem Schlitten!"

Am 31. August: „Wieder Schnee." Und im September das Resümee: „Das Ergebnis dieses merkwürdigen Sommers ist, daß während desselben 19 mal Schnee gefallen ist. Das Vieh findet kein Gras mehr, weder auf den Wiesen noch auf der Weide. Manche Weiden auf den Alpen waren während des ganzen Jahres mit Schnee bedeckt."

Für uns ist dieser weiße Sommer aus zwei Gründen wichtig. Erstens zeigt er, daß nicht erst in unseren Tagen das Wetter verrückt spielt. Zweitens interessieren wir uns für den „Silser, der soeben ein Haus baut ..."

Johann Josty heißt der Mann, und das Haus würden später Besucher „die Pyramide von Sils" nennen, weil es „glänzt in weite Fernen, den Reichtum des Besitzers verkündigend ..." Genaugenommen *mußte* Josty das Haus so prachtvoll bauen. Sein Enkel Daniel (1834–1891) erzählt das sehr genau. Großvater Johann Josty hatte Glück und Geld in Berlin gemacht (wie und mit was, davon später) und mit einem Fräulein Jsemes angebandelt. Bald kam eine Tochter als Zeichen dieser Liebe auf die Welt. Johann versprach dem Fräulein die Ehe. Wollte aber zuvor sein geliebtes Sils endlich wiedersehen. „Angekommen im Engadin gebraucht er seinen Reichtum um alten Freunden zu helfen und um viele neue Freundschaften zu machen", schreibt der Enkel. „Es ging nicht lange und er vergaß seine Geliebte in Berlin und machte sich eine neue in der Person der Donna Figela Andreole, der er die Heirat versprach und diese auch ausgeschrieben wurde. Seine dankbaren Freunde aber sandten einen Spezialboten nach Berlin, um Fräulein Jsemes zu informieren, und so machten sie es ihr möglich, am Vorabend der Hochzeit in Sils einzutreffen zusammen mit ihrer illegitimen 6-jährigen Tochter. Das gab natürlich einen großen Skandal in Sils und alles war drunter und drüber. Die Frauen von Sils hatten kaum Zeit um zu essen, so mußten sie herumschwatzen."

Der Enkel von Johann Josty berichtet all dies nicht ganz frei von Schadenfreude. Vielleicht, weil am Ende von der peinlichen Situation alle profitieren – sogar die Gemeinde. Enkel Daniel: „Figela verzichtete auf die Heirat und erhielt dafür ein Haus und Grundbesitz. Die Gemeinde erhielt einen neuen Feuerwehrwagen, die Frauen ein neues Wasch- und Badehaus. Und Fräulein Jsemes ging zur Kirche als glückliche Braut. Um ihre Wunden zu heilen versprach er ihr ein Haus, wie es keines in rhätischen Landen gäbe – er hielt Wort."

Das Haus, draußen mit großzügiger Auffahrtsrampe, drinnen mit Graubündner Gewölben und schönen Holzdecken in den hohen Räumen, ist heute, Sie werden es ahnen, das Haupthaus des „Hotels Margna" in Sils-Baselgia, dem ältesten Ortsteil von Sils. Stattlich und rosafarben liegt es in der Winterlandschaft, „immer noch das ehemalige schöne Haus mit der Freitreppe. Dadurch entbehrt es, wohl sehr zu seinen Gunsten, des spezifischen hotelartigen Wesens", wie ein Kollege vom „Engadin Express" schon anno 1906 dankenswerterweise schrieb, „es erscheint dadurch mehr wie ein größeres Herrenhaus mit privatem Charakter."

Aber woher war dieser Johann Josty so reich? Wie konnte er sich all dies leisten? Das Oberengadin war im 18. Jahrhundert arm, ausgeblutet, die Äcker verwildert; Tausende von Einwohnern waren im Dreißigjährigen Krieg getötet worden. Und die überlebenden Generationen wußten

Am schönsten sind die alten Zimmer im Haupthaus. Dort finden sich noch die Holzdecken, die Johann Josty 1817 hat einbauen lassen.

nicht, wie sie die langen Winter überstehen sollten. Immer mehr zogen im Herbst nach Italien – als Schuhflicker. Später machten sie sich als Zuckerbäcker einen Namen. Auch Johann Jostys Vater rührte Schokolade in Triest – freilich mit mäßigem Erfolg. Über Wasser hielt Mutter Barbla die Familie – mit der kleinen Auberge, die sie in Sils führte (heute die Pension Chasté). Doch trotzdem mußte Johann fremder Leute Ziegen hüten. Man erzählt sich, der Bub habe eine Ziege verloren und sei aus Angst vor Strafe nach Deutschland ausgerissen.

Sicher ist, daß Johann in Magdeburg bei einem Engadiner Zuckerbäcker lernte und 1796, gerade 23jährig, in Berlin ein eigenes Geschäft eröffnete: das Café Josty. Die Schokoladen des Schweizer Confiseurs müssen dann wirklich hauchzart gewesen sein. Denn 1819 gründete Johann mit seinem jüngeren Bruder Daniel in Berlin auch noch eine Brauerei. Eine Million Taler soll Josty zu dieser Zeit besessen haben.

Am Silser Haus (in dem Josty 1826, gerade 53 Jahre alt, starb) hatte als Maler und Maurer ein gewisser Hans Badrutt gearbeitet. Er sollte später einer der bekanntesten Baumeister des Engadins werden. Sein Sohn Johannes, 1819 in Samedan geboren, gründete das berühmte Kulm-Hotel in St. Moritz – und wohnte mit seiner Familie im Haus Josty in Sils.

Im Jahr 1864 übernachteten bei Johannes bereits die ersten Wintergäste, vor allem Norweger, die auf „Gianellas" oder auch „Tschiertschel" herumrutschten (die der Silser Hufschmied Pedun zusammenklopfte): Beginn des Wintertourismus in Engadin.

Auch das Haus Josty wird Hotel. Sohn Peter Badrutt nennt es „Margna" (nach dem Piz Margna). Und schmückt es mit wertvollen italienischen Gemälden (an denen sich die Gäste noch heute freuen). Als am 28. Juli 1914 der 1. Weltkrieg ausbricht, residiert gerade seine Großherzogliche Hoheit Prinz Max von Baden mit Bediensteten im stilvollen Haus. Aber Peter Badrutt überlebt wie viele die Kriegszeit wirtschaftlich nicht, 1917 übernimmt das Haus eine Schweizer Bank (die Badrutts von St. Moritzer „Palace" gehörten zu einer anderen Linie).

Die Müssgens, die in den vergangenen Jahrzehnten das „Margna" prägten, fingen 1959 als Direktoren-Ehepaar an und („es war Liebe auf den ersten Blick") kauften es ein Jahr später, reichlich tollkühn, mit Unterstützung eines Freundes und einer Bank. Inzwischen kommen bereits die Kinder der Stammgäste von damals – und deren Kinder laufen auch schon wieder Ski. Rundum bürgerlich, schweizerisch, gediegen, das ist das „Margna" geblieben. Jedes Jahr wird renoviert, restauriert, und trotzdem sieht es in manchen Ecken noch so rummelig wie vor dreißig Jahren aus. Die Stammgäste stört das nicht, im Gegenteil. Im Urlaub wollen sie nicht in die großen Paläste (wie das „Waldhaus" in Sils Maria mit Kurkonzert und steifen Diners), sie lieben ihr „Margna" mit seinem Charakter und seinen Macken. Schon hat Sohn Christoph Müssgen die Leitung übernommen und rüstet das Haus für die nächste Saison.

Hoffen wir, daß es ein anderer Winter wird als 1818/19, der erste, den das gerade fertiggestellte Josty-Haus erlebte: „Heute haben wir in diesem Winter zum erstenmal die Schneeschaufel gebraucht", schreibt der Silser Robbi – am 31. Januar.

Es war eben alles schon mal da.

Im „Margna" wird noch währschaft gegessen. Bündner Gerstensuppe, Kalbsplätzchen mit Pfifferlingen und Rösti … und natürlich, im „Stüva" – Käsefondue.

SALZKAMMERGUT

SCHLOSS FUSCHL

Wer zum ersten Mal vor dem „Schloß Fuschl" steht, traut seinen Augen kaum. So eine perfekte Postkarten-Schönheit gibt es selten auf der Welt. Aber man kann sogar hinter die Kulissen schauen. Der blaue See hat Trinkwasserqualität; Forellen und Saiblinge, Barsche und Hechte tummeln sich darin. Und auch das Fuschl-Schloß wird besser von Jahr zu Jahr. Essen Sie dort zur Festspiel-Zeit an einem sonnigen Mittag auf der Terrasse über dem See ein frisches Renkenfilet. Trinken Sie einen Grünen Veltliner. Und Sie werden ein besserer Mensch.

Im Frühjahr und Herbst, wenn die Jagd auf Suiten und Restaurant-Plätze beendet ist, erwacht der See zu wahrhafter Schönheit.

SCHLOSS FUSCHL

Wie sieht eine echte Traumlandschaft aus? Ein See müßte her, natürlich dunkelblau. Dann ein paar milde Wiesen drum herum und ein paar Berge mit dunkelgrünem Wald. Fehlt noch was? Ja, man sollte ein paar steile Felsgipfel heranschieben, dann das Ganze hübsch um den See herum verteilen, ordentlich Fische ins Wasser, Hasen auf die Wiese und Hirsche in den Tann – und um das Ganze zu genießen, vielleicht noch eine kleine Burg ans Ufer, ein bißchen erhöht, damit man alles überblickt.

Zu schön, um wahr zu sein? Wer zum erstenmal vor dem Hotel Schloß Fuschl am Fuschlsee steht, traut seinen Augen kaum. Dieser Platz im Salzkammergut sieht aus wie unser Traum. Und man kann sogar hinter die Kulisse schauen: Der See hat Trinkwasserqualität; Forellen und Saiblinge tummeln sich bis an die Ufer darin.

Zwar sind Bären und Elche verschwunden, die hier vor rund 2500 Jahren von den Kelten gejagt wurden; aber Wildschweine hinter denen später die kurzberockten Römer wie die Obelixe her waren, die suhlen sich noch heut an der Drachenwand. Ringeltauben und Rebhühner flattern aus dem Schilf, Gemsen, Rehe und Hirsche verstecken sich in den Bergen.

Vor Jägern war der Fuschlsee nie sicher. Das war im Jahr 1450 so, als das Schloß Fuschl, ein dicker Turm, als Nachtquartier für hohe Jagdgäste gebaut wurde (dazu eine Unterkunft für die Falkenmeister mit den Beizvögeln). Das ist heute so, wo das Hotel über einen eigenen Jagd- und Golf-Club gebietet. Wild kommt noch immer frisch aus dem eigenen Revier auf den Tisch, wenn auch nicht so prächtig wie zu Zeiten des Renaissancefürsten Wolf Dietrich von Raitenau. Der schönheitstrunkene Salzburger Erzbischof brachte Ende des 16. Jahrhunderts Prunk in den Turm, er machte aus dem bäuerlichen Fuschl ein raffiniertes Jagdschloß mit Teppichen aus Persien und Möbeln aus Italien. Wenig nur hat sich davon erhalten, ein Schreibschränkchen aus Venedig, ein paar nachgedunkelte Ölgemälde geistlicher Herren.

Heute kommen im Sommer die Festspielgäste aus Salzburg vorbei und trinken Champagner mit Blick auf den unwirklich blauen See – genauso heiter und entspannt wie einstmals die Kavalliere und Damen des Rokoko, die hier am ersten Kakao ihres Lebens nippten.

Aber stört denn all die kunstsinnigen Gäste nicht, daß im ganzen Haus, zwischen edlen Antiquitäten und Gemälden, der grausame Spieß der späten Sechziger lastet? So habe ich nach meinem ersten Besuch gelästert. Und die Hoffnung geäußert, man möge doch ein wenig Schwung in diese Gedenkstätte für Gelsenkirchner Barock bringen.

Inzwischen sind viele Sommer ins Land gegangen. Die Post-Karajan'sche Zeitrechnung hat in Salzburg eingesetzt. Und frischere Lüfte wehen nicht nur im Festspielhaus. Auch im Fuschl-Schloß hat eine neue Ära begonnen, der Name Max Grundig geht in die Geschichte ein. Die Stiftung des typisch deutschen Nachkriegs-Unternehmers hatte das Hotel 1977 erworben. Grundig's Schwiegersohn, Stefan Lauda, das Haus lange Zeit mit Charme, aber wenig finanziellem Spielraum geführt. Seit 1998 liegt das Schicksal eines der schönsten Schloßhotels der Welt nun in den Händen einer deutschen Investorengruppe, und mir, längst zum überzeugten Fuschl-

Gekocht wird Jahr um Jahr mit leichterer Hand. Wenn das so weitergeht, wird man bald allein der feinen Suppen und Saiblinge wegen nach Fuschl fahren.

Stammgast geworden, tat nach dem Verkauf das Herz ungefähr so weh wie der jungen (Film-)Sissi, als sie das Schloß (unvergessene Kulisse für die Romy-Klassiker) verlassen mußte. Was würde aus meinem geliebten altmodischen Fuschl werden?

Drei Dinge stimmen hoffnungsfroh. Erstens: Die neuen Besitzer haben das Management der versierten „Rafael Group Hoteliers" übertragen. Zweitens: Die neuen Betreiber haben verdiente und beliebte Mitarbeiter – von der Rezeption über die Bar bis hin zum Chef des Strandbetriebes – behalten. Drittens: Der neue Generaldirektor heißt Herbert Laubichler-Pichler (der österreichische Hotelierssohn führte unter anderem bereits das Rafael-Hotel „Breidenbacher Hof" in Düsseldorf als Vize).

Schon sieht der „Blaue Salon" jünger und frischer aus; und warten plötzlich nicht mehr nur ein Jaguar oder der „Original Rolls Royce von Herbert von Karajan", sondern auch ein paar (Leih-)BMW-Motorräder auf Fahrgäste vor der Tür. Aber die eigentliche Bewährungsprobe für das Management steht noch bevor. Das Haus wird renoviert werden (und zum Beispiel seine Bügel- und Silberputzzimmer mit grandiosem Seeblick(!) verlieren – für neue Gästezimmer); und vor allem: Es muß seine Ruhe und Würde zurückgewinnen.

Stammgäste wie Mario Vargas Lhosa, einer der wenigen großen Schriftsteller dieser Zeit mit Bildung und Lebensart, sie lieben es, nach den neuesten Regeln der Kunst verwöhnt zu werden – aber sie hassen Überraschungen! In unserer schnelllebigen Zeit muß ein Traumhotel wie Fuschl ein Ruhepol sein, ein Platz zum Auftanken, auf den man sich jedes Jahr wieder freut und der alle Veränderungen gelassen übersteht, mag die Welt sich noch so hektisch drehen, Fuschl bleibt Fuschl, hoffen wir's.

Gekocht wird Jahr um Jahr mit leichterer Hand – und mit wachsendem Engagement. Wenn das so weitergeht, wird man bald allein der feinen Suppen und Saiblinge wegen nach Fuschl fahren – und nicht, weil die Terrasse über dem blauen See zu den magischen Orten der Welt gehört. Essen Sie dort ein frisches Renkenfilet und trinken Sie einen ganz leichten Grünen Veltliner. Sie werden ein besserer Mensch! – Und was trifft man für Gäste? – Glitzernd und bieder, alles gemischt.

Manchmal aber tippt man bei den Gästen auch völlig daneben. So fiel mir gleich am ersten Tag ein Engländer auf, der in der Sauna in nachtblauer Unterwäsche schwitzte. Ich entschuldigte mich, nur mit einem Handtuch bekleidet zu sein, aber das sei auf dem Kontinent nun mal so üblich in der Sauna. Beim nächsten Gang saß er mit nacktem Po direkt auf den Planken, bevor er – mit einem Tarzanschrei – ungeduscht ins Tauchbecken sprang: Ferkel im Jagdschloß.

Beim Abendessen saß dafür eine englische Schönheit am Nebentisch, die ihrem Mann gegenüber verliebt in die Augen sah, einem Gentleman wie aus dem Bilderbuch. Bedächtig beredete er mit dem Oberkellner die Wahl des Weines für den nächsten Abend. Schließlich einigte man sich darauf, die Flasche Lafite-Rothschild für fast tausend Mark um 18 Uhr zu dekantieren. Auch wurde lange darüber beratschlagt, wie die Karaffe für den Wein beschaffen sein müsse.

Ich war fasziniert: Es war der Mann aus der Sauna.

*Das Ankleidezimmer in der Fürsten-Suite.
Auch sie hat ein neues Badezimmer bekommen
und ein paar frische Farben.*

KÖLN
HOTEL IM WASSERTURM

„Kölsches Kolosseum" hieß der verlassene Wasserturm, bis ihn eine Gruppe von Idealisten und Investoren wieder zum Leben erweckte. Heute ist eine Übernachtung im „Hotel im Wasserturm" wie eine Reise ins gute Design. Denn die Pariser Innenarchitektin Andrée Putman hat aus dem Industrie-Denkmal ein Mekka für Kunstliebhaber geschaffen, eine Mischung aus norddeutschem Backsteindom, nobler Gruft und Luxus-Katakombe: Festung des guten Geschmacks.

20 000 Tonnen Schutt mußten aus dem maroden Monster geschaufelt und 300 000 Ziegelsteine nachgebrannt werden: Jetzt strahlt das Mauerwerk im Foyer.

HOTEL IM WASSERTURM

Andreé Putman, große Dame des französischen Designs, wollte den Turm gestalten, „so schön, daß es eigentlich gar nicht zu beschreiben ist". Und tatsächlich kommt der Gast im Kölner „Hotel im Wasserturm" aus dem Staunen nicht heraus. Die Übernachtung ist wie eine Reise ins gute Design.

Die Halle, elf Meter hoch, hat die Ruhe und Würde einer Backstein-Kathedrale, aber nach den ersten Minuten voller Andacht entdeckt man ein aufregendes Nebeneinander von schlanken Pfeilern und begehbaren Brücken, ein überraschendes System von Gängen und Nischen – die ursprüngliche Stützkonstruktion für den Wasserbehälter.

Die Designerin Andreé Putman hat den Charakter des alten Wasserturms respektiert. Historische Details (wie die gußeiserne Wendeltreppe) wurden restauriert, die Rundungen des Turms (auch bei den Sofas) aufgenommen. Und in den Zimmern kehren Wärme und Kargheit der erdfarbenen Ziegelsteine wieder.

Das ganze Haus wird von Putmans Liebe zur Dezenz beherrscht, von einer harmonischen Beige-Gelb-Braun-Stimmung, mit ein paar strahlend blauen Akzenten.

Viel milchiges Licht fällt aus milchigen Lichtkörpern, und aus allen Ecken blinzelt Eileen Gray: Das große Design-Vorbild stand der Autodidaktin Putman auch bei den Entwürfen für den Wasserturm Pate. Was für eine schöne Wiedergeburt für den kaputten Koloss, einst Europas größter Wassertopf. Mit Trinkwasser versorgt hat das 36 Meter hohe Ungetüm die Kölner Bevölkerung freilich nur ganze drei Jahrzehnte lang, dann übernahm ein unterirdisches Leitungssystem seine Funktion. Als Werkstatt, Lagerhalle, Befehlsbunker stand das marode Monster lange Zeit nur noch dumm in der Gegend rum, bis ihn die Gruppe Hopf (die von der Mitgesellschafterin der Westdeutschen Allgemeinen Zeitung, Gisela Holthoff, und dem Rechtsanwalt Stephan Pförtner getragen wird) im Jahr 1984 für eine halbe Million Mark erwarb.

Der Weg vom abbruchreifen Industrie-Denkmal (die Stadt hatte den Abriß des

In den Zimmern kehren Wärme und Kargheit der erdfarbenen Ziegelsteine wieder. Am großzügigsten ist der neunte Stock.

Turms bereits erwogen) bis zum Luxus-Hotel kostete vier Jahre Zeit und siebzig Millionen Mark. –

Aber ist es auch ein Luxus-Hotel geworden? Beim ersten Besuch, ein Jahr nach der Eröffnung, hatten wir nicht das Gefühl, bei wirklichen Profis zu Gast zu sein, was uns angesichts des erlesenen Ambientes und der ausgewachsenen Übernachtungs-Preise äußerst verwunderte.

Luxus definiert sich über Kleinigkeiten, mäkelten wir damals herum. Manches dürfe in einem Haus, das sich in der Werbung selbst als einzigartig preist, einfach nicht fehlen.

Inzwischen haben wir es sogar schriftlich: Es gibt Frottee-Hausschuhe, wie in guten Häusern üblich, in jedem Zimmer! („Dies wurde in Ihrem damaligen Text nicht berücksichtigt bzw. bei der Erstellung des Textes waren diese noch nicht vorhanden", schrieb uns der Geschäftsführer unlängst in einem gründlichen Brief.) Es gibt eine „Guten-Morgen-Rose"! Und endlich: eine kostenlose Tageszeitung für jeden Gast! Schon steht der Turm ganz anders da.

Stammgäste kommen mehrmals im Jahr und rühmen die Gastlichkeit des Hauses. Der bitterböse Regisseur Claude Chabrol war regelrecht entzückt: „Einer der seltenen Orte, an dem die Schönheit wohnt, an dem der Komfort an der Schönheit teilhat und das Wohlbefinden am Komfort," meinte der Franzose graziös.

Und was sagt der Fußballer? Hansi Müller: „Rundes Hotel, runde Sache, rundum gut". Im Prinzip meinen beide sicherlich dasselbe.

Wir wohnten im 9. Stock, dem Stockwerk der Arkaden, und schlichen morgens, heimlich, einmal ganz um den Turm herum, sozusagen auf Brusthöhe mit allen anderen Kölner Türmen; nur der gotische Dom steigt höher auf. Aber daß Köln eigentlich eine Stadt der romanischen Kirchen und romanischen Türme ist, läßt sich von hier oben beeindruckend erleben.

Jetzt sehnen wir uns bereits wieder: nach einem richtig langen Wochenende in diesem wunderbaren Köln. Tagsüber nur Kunstmesse und Museen, abends Kneipen, und nachts – nichts wie rein in den Turm!

Eine Bar ohne jeden Plüsch. Die Rundungen des Turms hat Andrée Putman bei den Sofas und Sesseln wieder aufgenommen.

POTSDAM
CECILIENHOF

Wie ein englisches Landhaus sollte die neue Residenz des Kronprinzen aussehen. Rustikal (für Wilhelm), elegant (für Cecilie). Und so entstand eine wundersame Gutshaus-Idylle in Potsdams Neuem Garten. Von 1960 an schmückte sich die ehemalige DDR mit dem letzten Schloßbau der Hohenzollern. Sie verwöhnte Staatsgäste im „Cecilienhof". Heute ist das Schloß auf dem besten Wege, Brandenburgs edelste Herberge zu werden. Kommen Sie, um eine Nacht Geschichte zu atmen. Am Jungfernsee – ohne Mauer.

Hier verhandelten die Sieger: Stalin (auf dem Armlehnstuhl links), Churchill (rechts), Truman (im Bild vorn). Im „Potsdamer Abkommen" wurde die Teilung Deutschlands beschlossen.

CECILIENHOF

Im Herbst 1990 stand ich zum erstenmal vor diesem riesigen, großen, runden Tisch, der für die Potsdamer Konferenz extra in Moskau angefertigt wurde. Die Stühle für die Machthaber der drei Siegermächte haben an den Rückenlehnen als Zierknauf goldene Engelsköpfchen, und ich stellte mir Stalins Schnauzbartgesicht eingerahmt von den polierten Goldengeln vor, auch Churchill sah sicher seltsam aus, mit den lächelnden Putten links und rechts der Ohren.

Aber komisch kamen sich die Vertreter der Alliierten bei der Potsdamer Konferenz im Juli/August 1945 natürlich überhaupt nicht vor. Sie gaben sich würdig, aufgeräumt, manchmal verzeichnete das Protokoll sogar Heiterkeit, sie luden sich gegenseitig zu Empfängen in die Villen von Babelsberg ein, machten Ausflugsfahrten zu Hitlers Bunker in das zerbombte Berlin. Und beschlossen die deutsche Teilung.

Über zehn Millionen Menschen standen im Potsdamer „Cecilienhof" schon vor diesem Tisch, Gruppen aus China, Nordkorea, Afrika. Aber wenn sie über die rote Tischdecke hinweg zu dem riesigen Fenster guckten, sahen sie nichts als graue Wand. Nur wer den Kopf in den Nacken lehnte, entdeckte ganz oben ein schmales glitzerndes Band, manchmal sogar den Schatten eines Frachters. Die Mauer, mit Stacheldrahtzaun, Wachtürmen und Patrouillenstreifen, trennte das Haus vom Wasser. Der Cecilienhof hatte kein Ufer mehr am Jungfernsee.

Auch das ist nun schon Geschichte. Im Herbst 1990, bei meinem ersten Besuch, war die Mauer schon abgerissen. Letzte Sonnenstrahlen wärmten die Gäste auf der Kaffeeterrasse.

Ich staunte über die wundersam geformten Buchsbäume, die Spiralen, Pyramiden und Pfauen in den Innenhöfen und Gärten. Über die wein- und efeubewachsenen Giebel, Türme, Fachwerkmauern und fühlte mich – mitten in Potsdams poetischen Gärten – in eine englische Schloßlandschaft versetzt. Ich wollte wiederkommen – und hier wohnen.

Denn außer der „Gedenkstätte Potsdamer Abkommen", vor deren Eingang 1945 die russische Delegation einen großen Stern in den Rasen schneiden ließ (noch

Das Schlafzimmer der „Cecilien-Suite".
Geschlafen hat Cecilie hier immer allein. Der Gatte hatte, gar nicht fein, was mit ihrer Zofe.

heute mit knallroten Begonien, Lieschen oder Geranien bepflanzt), gibt es im Cecilienhof seit 1960 ein Hotel. Vor ein paar Jahren wurde es liebevoll modernisiert und restauriert. Das Schmuckstück der ehemaligen DDR.

Hat dieses verwunschene Haus, das so lange im Schatten der Mauer stand, je glückliche Zeiten gesehen? Es wurde gebaut, von 1913 bis 1916, als Deutschland mit der halben Welt im Krieg stand. Dennoch zweigte Kaiser Wilhelm II. aus der Kasse noch 1736096,40 Goldmark ab, weil Kronprinz Wilhelm von Hohenzollern und seine Gattin Cecilie mit der stetig wachsenden Kinderschar nach einer angemessenen Residenz verlangten.

Es war der letzte Schloßbau der Hohenzollern, hochmodern, mit Zentralheizung und Telefon. Während der Kronprinz an der Front stand und die Berliner hungerten, suchte Cecilie Seidentapeten aus. 1917 zog man ein. 1918, nach der Novemberrevolution enteignet, wieder aus. 1926, das Parlament hatte in der sogenannten Fürstenabfindung den Hohenzollern das „Wohnrecht" verliehen, wieder ein. 1945 wieder aus.

Glücklich war Cecilie in dem Schloß, das ihren Namen trägt, wohl nie. Ihre Zimmer sind licht und elegant. Die Räume von Wilhelm voller Burgromantik, rustikal und schwer: zwei sehr verschiedene Menschen, kein Paar, unter einem Dach. Man ging sehr förmlich miteinander um. Die Söhne mußten sich anmelden, wenn sie mit den Eltern speisen wollten. Die Eltern selbst schliefen und frühstückten zuletzt nur noch getrennt.

Cecilie verkriecht sich in ihren Trakt. Sie hat sich tatsächlich eine der eleganten Kajüten der kaiserlichen Yacht im Landhaus nachbauen lassen, einen winzigen, sehr weiblichen Raum, mehr Zuflucht als Zimmer. Es war ja schon längst kein Geheimnis mehr. Der Kronprinz hatte ein Auge auf ihre Zofe, die rassige kurvenreiche Österreicherin Stefi Ritl, geworfen (eine Liaison bis zum Tod. 1951 starb Wilhelm in Hechingen in Stefis Armen).

Ich schlief auf Cecilies „Oberdeck". In dem kleinen Zimmer über der weißblauen Kajüte. Hinunter gehen konnte ich nicht. Eine Wand verschloß den Treppenzugang. Denn Cecilies Kajüte im Untergeschoß war damals schon Teil der Gedenkstätte „Potsdamer Abkommen." – Es ist schon ein bißchen kompliziert, wenn ein Haus soviel Geschichte hat.

Jedes Detail in der Suite erzählte von dem Umbruch, den dieses Haus erlebte: Die Stuckreliefs und Schnitzereien in weißem Schleiflack an Türen und Kaminen von der schönen Cecilie; die Vase im Regal mit dem Aufkleber „Volkseigentum der DDR. Registriernummer 702 00 33 82" von der jüngsten sozialistischen Vergangenheit.

Hotel im Wandel. Sicher war nur die Eigentümerin: die Staatliche Schlösser- und Gärten-Verwaltung Potsdam-Sanssouci. Sonst stand alles offen. Und heute? Die schlechte Nachricht zuerst: Sie können nie mehr in Cecilies Prunkwanne plantschen – die Kronprinzessin-Suite ist dem Museum zugeschlagen worden. Dann aber überstürzen sich die guten Nachrichten nur noch so. Denn der leidgeprüfte Cecilienhof liegt nun in guten Händen: Pächter ist die Berliner Haenisch-Gruppe, die schon das Ludwigsburger Schloßhotel Monrepos oder Schloß Liebenstein bei Neckarwestheim aus dem Dornröschenschlaf erweckte.

Die Gruppe hat inzwischen gut drei Millionen Mark in die Potsdamer Residenz gesteckt. Das Hotel ist beliebt und floriert. Sterne kann man mit dieser Summe freilich nicht vom Himmel holen. Zwar entschied man sich für die Berliner Innenarchitektin Nany Wiegand-Hoffmann, die eine eigene klare „Cecilienhof"-Möbellinie entwarf und, vom Sanssouci-Park inspiriert, extra Teppiche in England weben ließ (Muster „Efeu" und „Gitter"), aber hatte dann doch nicht den Atem für den großen Wurf. Einzig das Badezimmer der „Hohenzollern-Suite" ist dem Stil des Hauses angemessen, die übrigen paßten in jedes Dutzendhotel. Fernsehapparate glotzen einen nackt von holzverkleideten Kühlschränken an, in den Suiten und Foyers fehlen Bilder, Bücher, Kissen, Blumensträuße – eben all die großzügigen Details, die ein kultiviertes Landhaus ausmachen. Natürlich: Preußisch soll das Haus sein; preußisch, aber nicht – piefig.

Die beste Nachricht zum Schluß: Das ganze Haus wurde im Andenken an die gute Cecilie gestaltet, auf die traurige Kronprinzessin ist alles ausgerichtet – vom Briefpapier bis zum historischen Menue. Und der untreue Wilhelm? Ab ins Museum.

SYLT
BENEN-DIKEN-HOF

Am schönsten ist Sylt in Keitum, dem Dorf der Kapitäne. Die hatten schon immer Sinn für Stil und gute Proportionen. Ihre Wohnhäuser bauten sie mit eigenen Händen: schöne Eingänge mit weißen Zäunen und liebevoll gestalteten Türen, wuchtige Reetdächer und winzige Zimmer. Früher sparten die Sylter mit Raum, um weniger heizen zu müssen. Heute geizen die Hoteliers mit Platz wegen der hohen Grundstückspreise. Am schnellsten lernen Sie Sylter Lebensart im Benen-Diken-Hof kennen, eine Insel auf der Insel, ein Stück Sylt.

Die Wände des Frühstücksraums sind gefliest wie früher die gute Friesenstube. Hier wird geschlemmt: Büsumer Krabben, Katenschinken, Heidehonig.

BENEN-DIKEN-HOF

Sylt hält viel aus. Sturmfluten, Menschengewoge, Journalistenpoesie. Es verändert sich jedes Jahr und bleibt sich dennoch immer gleich.

Die Berichterstattung folgt den Gesetzen von Ebbe und Flut, sie kommt und geht im ewigen Rhythmus der Gezeiten. Im Sommer klagen die Hamburger Redakteure, die eine Ferienwohnung auf der Insel haben, über Vermassung, Wasserverschmutzung, Autolärm.

Im Winter schreiben sie über das „feine Sylt", als sei es eine Geschlossene Gesellschaft – und sie mittendrin.

Die Tatsache, daß sich dort ein paar Nachbarn aus Blankenese oder Harvestehude im Stehimbiß treffen, sollte aber keinen abschrecken. Die Regel, daß Leute, die sich wichtig machen, nicht wichtig sind, gilt auch auf der Insel.

Es ist ganz einfach wie an allen besonders schönen Orten dieser Welt: Die Hauptdarsteller leben zurückgezogen. Kein Klatschreporter kommt ihnen über die Schwelle. Nur die Statisten klappern.

Aber selbst die sind nicht mehr, was sie waren. Sylt hat keine Playboys mehr. Bleiben die harten Arbeiter: Bankiers, Designer, Modefriseure. Und warum fliegen die nach Sylt? Sie wollen ihre Ruhe haben. Höchstens mal Fisch zu viert.

Wenn Sie Insel-Anfänger sind, kümmern Sie sich nicht um *In-* oder *Out*-Listen. Versuchen Sie ein Zimmer in Keitum zu kriegen, wenn der Wind das Wintergrau fortgeblasen hat. Wenn die Ulmen an den Wegen aussehen wie neugeboren, und die weißen Gartentore und kunstvoll bunten Haustüren der Friesenhäuser blitzen wie frisch gestrichen. Dann, wenn die Birnbäume blühen und die Buschwindröschen Knospen haben und der ganze Ort betörend riecht. Süße Flieder-Blüte. Das ist Keitums Zeit.

Hier haben die Kapitäne eine feste Bleibe gefunden, haben sich stattliche Ruhesitze gebaut, nachdem sie sich beim Walfang jahrelang geschunden hatten. Und hier können sich auch Sylt-Neulinge vom ersten Tag an zu Hause fühlen in friesischer Lebensart.

Fast ein Vierteljahrhundert hat Claas Johannsen in seinem Benen-Diken-Hof Gäste empfangen, herzlich, aber ohne Schmus, bevor er mit Lebensgefährtin und

Schach unter Schiffsmedaillons. Nachts werden hier die Sagen von Ekke Nekkepenn wieder wach, schwarze Geschichten von gestrandeten Briggs und unerlösten Seelen . . .

Golfschläger auf Reisen ging. Jetzt heißt Sie sein Sohn Claas-Erik Johannsen willkommen, auf Sylt funktioniert der Vertrag zwischen den Generationen.

Vater Johannsen war eigentlich Landwirt. „Wo Sie sitzen, standen früher Kühe!" Im Jahr 1973 hat er dann mit 38 Zimmern angefangen. Und die Gäste waren sofort begeistert vom kleinen Hotel. So kamen vor fünf Jahren noch vierzig Betten dazu. Die Bar hat der Hausherr selbst entworfen. Die Sylter hatten schon immer ein Gespür für gute Proportionen. Johannsens Architekt war der Freund und Nachbar Kurt Hansen und Sohn. Der baute das Haus der Johannsens aus dem Jahr 1841 einfach noch mal nach.

Das Hotel garni hat den Charme einer Privatvilla. Claas-Eriks junge Frau Anja dekoriert das Haus mit Liebe; die Damen an der Rezeption wachen über das Wohl der Gäste und notieren auf Karteikarten deren spezielle Wünsche, damit sie beim zweiten Besuch nicht mal mehr geäußert werden müssen. Holzbrett fürs Bett, nur Früchte zum Frühstück, zwei Massagen pro Woche. Ihre Gäste schicken sie „nur für eine Krabbe und ein Glas" zu „Gosch" nach Westerland, dem bekanntesten Fisch-Imbiß der Republik oder zu Herbert Seckler ins „Sansibar", dem Zauberer zwischen den Dünen, der einen Weinkeller hat, so wohl sortiert wie ein Pariser Sterne-Restaurant und ein Herz, so gut und butterweich wie seine Schollen. Die Benen-Diken-Damen kennen sich aus auf der Insel und vor allen Dingen: Sie kriegen meistens auch noch einen Tisch.

Denn Sylt ist ausgebucht nicht nur zur Hauptsaison. Gäste kommen im Februar, wenn am Strand die Biikefeuer lodern, im Mai, weil es blüht, im Sommer sowieso, im Herbst, weil da goldenes Licht über die Heide fällt, und im Winter, weil dann der Frost die Dünen silbern überkrustet und am Himmel die aufregendsten Farbspiele zu sehen sind.

„Die Insel", schreibt Peter Suhrkamp 1943, „kann wüst, öde und lichtlos angetroffen werden, auch in einer hellen Nüchternheit, einer frühen Klarheit, auch als seliger Spiegel überirdischer Schönheiten. Aber nie ist sie nur einfach schön und gar lieblich, selbst nicht in der schönsten Zeit, wenn ein Tag oder ein Jahr am Himmel über ihr Nachfeier hält. Sie ist nie dieselbe und doch stets unverkennbar die Insel".

Der Benen-Diken-Hof hat aber auch die Nachteile einer Privatvilla. Der Service ist „persönlich", also nicht abrufbar wie in einem Luxushotel. Aufenthaltsräume und Zimmer sind klein (die „Suiten" verdienen ihren Namen nicht), aber auch das gehört irgendwie zur Insel: „Komern" (Kammern), in die man sich einkuscheln kann, wenn draußen der Nordwest gegen die Mauern drückt.

Dann schlagen die Brecher ans Kliff, verschlingt die gierige See wieder ein Stück Land. Bricht die Insel auseinander? Johannsen stellt seinen Tee ab, daß die Kandisstücke in der Tasse klirren. „Dieses Katastrophen-Geschwätz! In Sylt sind schon ganze Dörfer versunken. Das war doch immer so."

Daß die See mehr nimmt, als sie gibt, ist den Syltern selbstverständlich. Seit Generationen sind sie gewohnt, ihre Häuser an der Westküste immer weiter landeinwärts zu bauen. Alt-Rantum liegt auf dem Meeresgrund. So war es und wird es immer sein.

Sylt hält viel aus.

Im Keitumer Haus finden sich Kostbarkeiten aus aller Welt. Antike Schiffsmodelle hinter Glas, aber auch Zeitgenössisches wie der „Schneckenbaum" des Dänen Andersen.

FRANKEN
PFLAUMS POSTHOTEL

Jeden Sommer pilgern Wagnerianer aus aller Welt zu „Pflaums Posthotel" nach Pegnitz. Natürlich kommen sie in erster Linie wegen der Festspiele in Bayreuth. In Wahrheit aber sind sie inzwischen genauso süchtig nach den Inszenierungen der Brüder Pflaum – Hermann in der Küche, Andreas im Hotel. Im Windschatten Walhalls hat sich die ebenso kuriose wie couragierte „Werkstatt Posthotel" zu einer Genießer-Adresse ersten Ranges entwickelt.

Das schöne Fachwerkhaus ist die Urzelle des Gasthofes. Schon fürs 21. Jahrhundert sind die Suiten des Designers Obliers gedacht.

PFLAUMS POSTHOTEL

Nur an zwei Plätzen auf der Welt, behauptet der Dirigent James Levine, fühle er sich wirklich wohl: in New York und in Pegnitz. Wir haben keine Ahnung, was dem Chef der Metropolitan Opera speziell an New York gefällt. Aber warum er Pegnitz mag, das wissen wir genau: Es ist Pflaum's Posthotel.

Natürlich würde der umtriebige Amerikaner den Hubschrauber in Pegnitz gar nicht landen lassen, läge nicht dreißig Kilometer weiter das Festspielhaus von Bayreuth. Ohne Richard Wagners Weihen wäre Pflaums Posthotel ein Gasthof ohne Glanz. Im Windschatten Walhalls aber hat es sich zu einer Genießer-Adresse ersten Ranges entwickelt. „Wir haben uns Richard Wagners Herausforderung gestellt", erklärt das Andreas Pflaum. „Und wir sind damit gewachsen."

Längst inszenieren die Gebrüder Pflaum, Hermann in der Küche, Andreas im Hotel, ihre eigenen Festspiele. Orpheus-Grotte im Schwimmbad und Wagner-Persiflagen im Restaurant, Objekte im Flur und „Ring"-Videos im Foyer, da mischt sich soviel Couragiertes und Kurioses, daß es manchen im Pflaumschen Zaubergarten erst mal schaudert.

Dann aber ergeht es den Besuchern wie im Bayreuther Festspielhaus: Sie werden süchtig nach diesem ganz besonderen Ton, diesem unverwechselbaren seidig-eleganten Klang, und sie kommen jeden Sommer, das ganze Leben lang.

Für Dirigenten ist es natürlich angenehm, in ihrer Suite einen Konzertflügel vorzufinden. Und vielleicht freut sie auch, daß der Whirlpool in ihrem Badezimmer einem griechisch-römischen Dampfbad gleicht.

Wir sind glücklich, wenn wir wieder das Bauernzimmer haben, im alten Trakt, wo sich noch die Balken biegen. Und als Willkommensgruß der Gartenstrauß mit wilden Wicken auf der Kommode wartet und daneben ein Teller mit frischen Beeren aus dem Wald. Aber Pflaum wäre nicht Pflaum, wenn er am Abend vor der Premiere nicht auch noch eine CD-Platte servierte – zum Einstimmen und Vorbereiten.

Bis Ende August lebt das Haus von und mit Wagner. Schönste Stunde, wenn die Festspielgäste nach der Vorstellung in Pflaums Speisegarten strömen, glücklich, erregt, zornig, erschöpft, und heftige Diskussionen über die Wohl- und Schandtaten des Abends anheben.

„So schleppend darf man den Parsifal nicht dirigieren", schimpft dann ein Wagnerianer und fährt wütend mit dem Messer in ein zartes Milchzicklein.

„Nun, sie sind ja auch erst das vierte Mal hier, nicht?" antwortet der Nachbar mit schmalen Lippen vor einer Komposition von Lotte und Meeresfenchel, „da haben sie ja leider niemals Knappersbusch gehört..."

Alt-Wagnerianer sind unerbittlich und im Prinzip auch keine Genießer, aber seitdem Künstler von Birgit Nilson bis Barenboim andächtig zu den Pflaumschen Töpfen pilgern, gelten kulinarische Freuden nach Wagner-Aufführungen zumindest nicht mehr als obszön.

Familiengeheimnis bleibt, wie Hermann (mit Ehefrau Sieglinde) und Andreas (mit Ehefrau Herlinde), zwei so starke Persönlichkeiten und ausgeprägte Perfektionisten also, in einem Haus miteinander auskommen, ohne daß Gott Donner seine Boten schickt. „Stimmt, das kostet Kraft", lächelt Andreas Pflaum, „aber wenn man's im Griff hat, dann führt das nicht zu einer Verdoppelung, sondern zu einer Verachtfachung der Kräfte."

Andreas Pflaum ist in Zimmer Nr. 1 im alten Trakt zur Welt gekommen. Und nicht von Gästen wie der Begum schwärmt der leise Franke mit Sinn für Poesie und Philosophie, sondern von Mutter Babette: „Die war stark, ich sage Ihnen...!" Der Vater war noch Land- und Gastwirt zugleich, und sofort nach der Schule mußten die Buben mit aufs Feld, Steine sammeln. „Franken war ein karger Boden", erzählt Andreas Pflaum in der heute so behaglichen Posthalterstube, „und hier in dieser Ecke haben die Mannsbilder g'soffen und nach dem dreißigsten Glas Bier mußten wir Kinder sie heimführen, und dann hams ihre Frauen verprügelt, so war's."

Nur raus in die Welt, dachten sich die Pflaum-Buben, der Andreas schaffte es sogar bis nach New York, ins feine „Waldorf Astoria". Dort räumte er als erstes allmorgendlich nach dem Frühstück 1250 Servicewagen leer und konnte nicht mal protestieren: ohne ein Wort Englisch!

PFLAUMS POSTHOTEL

Von den Lehrjahren in Amerika brachte er neben gründlicher Management-Erfahrung eine nie versiegende Offenheit für alles Neue in Technik und Kultur mit – und seine Frau. (Die Frankfurterin hatte der Franke im Central-Park entdeckt – auf einer Bank am Ententeich). Natürlich krempelten die Söhne das 300 Jahre alte Posthotel gehörig um, „manches ist in diesen Sturmjahren zerstört worden", räumt er ein, „was heute mühsam wieder aufgebaut werden muß". Aber wurden die Gäste nicht auch immer anspruchsvoller? Als 1964 der Präsident von Disney-World nach einer Minibar verlangte, „haben wir mit vier Pferden einen Kühlschrank von der Brauerei geholt und ihn im Zimmer hinter einen Paravant gestellt."

Einen Ausflug durch drei Jahrhunderte nennt Pflaum heute selbstironisch das Stilgemisch in Zimmer und Fluren. Ihm gefällt die Spannung zwischen Rosenthal und Rosenmuster. Design von Dirk Obliers und Dekor von Laura Ashley. Das Hotel als Werkstatt. Mit großem Stolz stellt er das eine Jahr August Mackes „Spaziergang ins Paradies" in sein Restaurant (lebensgroße Styropor-Puppen mit Strohhüten und Picknick-Körben), um dieselben – mit nämlicher Begeisterung – ein paar Festspielsommer weiter von der „Ring"-Ausstatterin Rosalie bis zur Unkenntlichkeit in Tüll verpacken zu lassen. Pflaums Zaubergarten – ewig unvollendet; und immer auf der Suche nach der blauen Blume der Poesie.

Die Beziehung zum Heimatort hat Pflaum auf seiner „Suche nach der Kunst der Häuslichkeit" nicht verloren, in seinem Hotel trifft sich nicht nur die europäische Hochfinanz, sondern auch der Bayerische Bauernverband.

Und während es Gäste wie die Gettys eher in die ländlich ausstaffierten Stuben zieht („Die Steigerung des Luxus ist die Einfachheit", sagt Pflaum), drängt es die Besucher aus der Region in Obliers High-Tech-Suiten: „Venus in Blau" oder „Parsifal" – mit Whirlpool und Wagner-Videos und natürlich von Domingo persönlich eingelegen.

Zu bunt wurde die „Pflaumsche" Erlebnis-Hotellerie nur den Gralshütern von Bayreuth. Sie zeigten sich von den Pegnitzer Persiflagen wenig erbaut. Beim letzten Besuch hat der Urenkel des Meisters nur einen kurzen Blick auf das „Ring"-Video im Foyer geworfen und vor sich hingemurmelt: „*Muß* es denn immer Wagner sein?"

Die schönste Stunde am Festspieltag: Pflaums Pflaumenkuchen vor der Vorstellung. Oder ist das nur die Vorfreude?

MÜNCHEN HOTEL RAFAEL

Was unterscheidet ein gutes Hotel von einem sehr guten? Der Service. Das „Rafael" in München leistet sich den Luxus einer an asiatischem Vorbild geschulten Gast-Freundlichkeit. Der weiße Palast direkt neben dem Hofbräuhaus hat aber noch ganz andere Schmankerl zu bieten. Am besten, Sie steigen dem Hotel aufs Dach. Dann liegt Ihnen ganz München zu Füßen – und bei Föhn die Alpenkette gratis dazu.

Das Foyer mit der eleganten Freitreppe ist ein beliebter Business-Treff; den Drink für zwei aber nehmen Sie besser auf dem Dach . . .

RAFAEL

Was macht ein Luxushotel zum Super-Luxushotel? Goldene Wasserhähne im Bad? Brokat-Himmel überm Bett? Kaviar auf dem Frühstücks-Buffet?

Tatsächlich sind es Unauffälligkeiten, die ein sehr gutes Haus zu einem unvergleichlich guten Haus machen. So wird der Gast zum Beispiel sofort mit Namen begrüßt – an der Rezeption wie am Telephon. Sein Koffer wird auf Wunsch ausgepackt. Oder seine Wäsche über Nacht aufgebügelt.

Auf der Frühstückskarte stehen frische Früchte wie Mangos, Erdbeeren, Ananas. Der Kaffee kommt in der Wärmekanne oder mit Réchaud, die Tageszeitung automatisch.

Meister im diskreten Verwöhnen sind die Gastgeber in Asien, „Regent" und „Mandarin" in Hongkong. Diese Häuser sind nicht schöner, nicht eleganter als alle anderen schönen eleganten Hotels auf der Welt. Aber sie haben ein Geheimnis: Sie haben einen Service, den man nicht vergißt.

Ausgerechnet in München, einer Stadt mit hohen Personalkosten und Neigung zu bayerischer Gemütlichkeit, strebt ein Haus nach unprätentiöser asiatischer Perfektion. Das „Rafael". Eine neue Adresse mitten im Herzen der Stadt. Ein Hotelpalast neben dem Hofbräuhaus.

Vom Eröffnungstag an hatte der weiße Palast neben der Bierschwemme Eleganz und internationales Flair. Denn das 1990 mit allen technischen Raffinessen eröffnete „Rafael" ist in eine gewachsene Tradition geschlüpft. Der prachtvolle weiße Neurenaissance-Bau aus dem Jahr 1880 war lange Zeit Treffpunkt für die gehobene Münchner Gesellschaft, ein „Ballhaus" mit Walzerseligkeit, Flirt und Glanz.

Die monumentale Freitreppe erzählt von rauschenden Festen, die großzügigen Flure mit den schönen Stukkaturen erinnern noch heute an große Roben, raschelnden Taft.

Die Bauherren des „Rafael" wurden freilich eher mit Realitäten konfrontiert. Das Gebäude, zuletzt als „Antic-Haus" genutzt, mußte völlig ausgeschält werden; aus statischen Gründen wurden alle Böden neu eingezogen, die Umbaukosten kletterten auf gut 90 Millionen Mark.

Von der Würde des alten Ballhauses ist dennoch viel erhalten geblieben. Eingerichtet haben das Haus das asiatische Designerduo Chhada und Siembieda. Sie sind die Hausarchitekten von Georg R. Rafael, der die Regent-Hotels mitentwickelt hat und heute mit Partnern die „Rafael Group Hoteliers" betreibt, ein Zusammenschluß von Individualisten, die sich nur für Superhäuser interessieren – zwischen Düsseldorf („Breidenbacher Hof") und Polynesien (Hotel „Bora Bora").

Chhada und Siembieda haben die kühle Business-Atmosphäre der „Regent"-Lobbys ins bayerische Foyer transportiert. Das hat den Vorteil, daß sich die alte Architektur ganz ungestört entfalten kann. Den Nachteil, daß man das Hotel verläßt, ohne sich irgend einer Farbe, irgend eines innenarchitektonischen Details zu entsinnen, bei soviel bemühter Unauffälligkeit und vorsichtiger Eleganz.

Ein bißchen mehr Mut zur Farbe hätte zu dem von Italien inspierierten München vielleicht doch gepaßt, und auch etwas mehr Großzügigkeit bei den Stoffen. In dem ansonsten sehr elegant, leicht und

Lichtdurchflutet ist die Turm-Suite unterm Dach. Schöner kann man unter weißblauem Himmel in München nicht wohnen.

kostbar eingerichteten Restaurant hängen die Gardinen ein bißchen kurz über dem Boden, und auch die Auswahl der alten Stiche an den Wänden wirkt etwas gespreizt und fad.

Aber sonst werden in diesem Haus alle Sehnsüchte gestillt nach guter Qualität und schönem Leben, die edlen Möbel in frühem Biedermeier- und Neurenaissance-Stil, die Tischdecken, Geschirre, Frottee-Tücher – alles ist eigens für das Hotel entworfen und angefertigt worden.

Von einer Suite sieht man mitten in den Garten des Hofbräuhauses hinein, natürlich so von oben herab, daß einen Lärm und Bierdunst nicht genieren. Von einer anderen lassen sich alle Türme Münchens umarmen – und bei Föhn die Alpenketten noch dazu.

Aufregender kann man in München nicht wohnen, immer wieder neue Aus-, Ein- und Durchblicke, es sind ganz einfach die schönsten Suiten der Stadt.

Ein Abendessen im eigenen Sechseck-Turmzimmer mit gläsernem Spitzdach, also direkt unter funkelndem Sternenhimmel, kann zu einem Erlebnis werden, das man sein Leben lang nicht vergißt. Dazu ein Service, wie es ihn in München noch nicht gibt. Gouvernante nicht nur für Kinder sondern auch für den Hund („Dogsitting"!), Butler-Service über 24 Stunden, Fax und Computer in allen Zimmern auf Wunsch.

Scheue Verleger, Intendanten, Dirigenten und Großkünstler aber blieben der neuen gestylten Hotelburg fern – schrieben wir noch ein Jahr nach der Eröffnung. Sie hielten dem leiseren „Conti" oder altgewohnten „Vier Jahreszeiten" die Treue. Nur für Pop-Stars, Edel-Touristen und andere Show- oder Schauleute sei das „Rafael" bereits zur bayerischen Heimat geworden – von Tina Turner bis Elton John.

Doch schon wieder hat sich Münchens Hotel-Landschaft gewaltig verändert. Das gediegene „Conti" hat seinen Geist aufgegeben. Das ganze Inventar – von der Bettwäsche bis zum Barockspiegel – wurde versteigert. Jetzt liegt so mancher Münchner – daheim – im „Conti-Bett".

Auch das Traditionshaus „Vier Jahreszeiten" hat leider an Service – und an Würde eingebüßt. Die große wunderbare Halle ist nach einer Renovierung nicht mehr die gute Stube für Künstler, Agenten und Wirtschaftler – sondern wirkt wie ein pseudofeiner, etwas gespreizter Tee- oder Espresso-Salon. So schade: Die ganze kosmopolitische Großzügigkeit ist dahin.

Von all diesem hat das „Rafael" profitiert und sich zum besten Hotel Münchens hochgearbeitet. Und das ganze Viertel drumherum strahlt mit. Die Neuturmstraße ist zu einer spannenden Einkaufsadresse geworden – mit schönen Läden für modernes Design, Antiquitäten, Art Deco.

Schade nur, daß „Marks Restaurant", etwas unglücklich auf der Empore über dem Hotelfoyer angelegt, sich noch nicht zu dem Gourmet-Treff entwickelt hat, den das Haus (und das kulinarisch ausgedünnte München) so dringend benötigte. Nach dem dritten Versuch gaben wir unsere Hoffnung auf eine neue Ess-Oase auf.

Als Hotel aber steht das „Rafael" für uns unangefochten auf Platz 1. Schließlich weiß inzwischen auch der Chefportier des Hauses, wie man „Glypthotek" (die Antike Skulpturen Sammlung) buchstabiert und daß das Lenbachhaus ein Museum ist: Er kommt vom alten Münchner „Conti".

Das „Mark's" kämpft in München um einen festen kulinarischen Platz – mit internationalen Leckereien – gleich neben dem Hofbräuhaus.

DRESDEN
SCHLOSS ECKBERG

Statt auf Moor, wie sich das für ein anständiges Schloß im Tudor-Stil gehört, blickt diese Raubritter-Burg auf einen lieblichen Weinberg – an der Elbe, in Sachsen. Und doch werden Sie sich im „Schloß Eckberg" italienisch fühlen: „So himmlisch schön, so sinnlich schön!" jubelten auf den Loschwitzer Höhen schon die Maler und Schriftsteller des 19. Jahrhunderts. Und wir jubeln auch. Endlich mal eine Hotel-Gründung in den neuen Bundesländern – mit Format.

Wie Perlen sind die Schlösser am Silberband der Elbe aufgereiht. Schloss Eckberg hat der Semper-Schüler Arnold nach englischem Vorbild gebaut.

Unser Lieblingszimmer ist die Nr. 410 – mit goldener Stuckdecke. Das Bett hat kurz vor der Eröffnung passenderweise ein König eingelegen: Juan Carlos von Spanien.

SCHLOSS ECKBERG

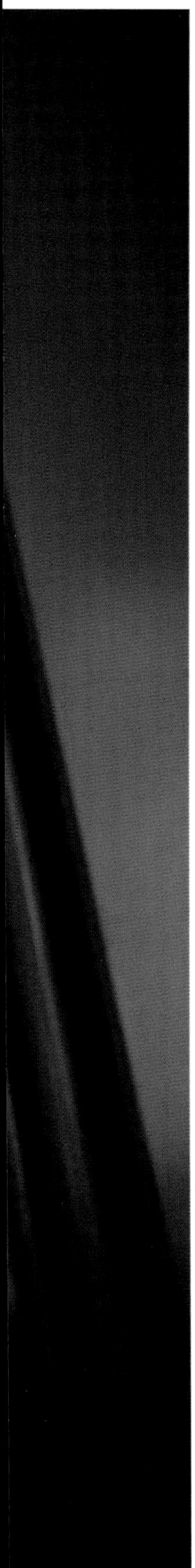

In der ersten Reihe der Lufthansa-Maschine von München nach Dresden saß Lorin Maazel, einer der großen Dirigenten der Welt. Neben ihm Dietlinde Turban, seine Frau, die früher, als Schauspieler-Elevin, den Liebreiz der ganz jungen Romy Schneider verströmte, mit Wespentaille und betörendem Lächeln im Grübchengesicht, bis sie sich, im richtigen Leben, zur Ehe mit dem berühmten Musiker entschloß (anstatt im Fernsehen als Tierärztin oder Nachtschwester zu enden).

Es war früh am Morgen, Maazel, die Augen dick, schrieb Briefe, Dietlinde Turban, blaß um die Nase, versenkte sich in Termin-Listen und Probenplänen. Drei Reihen dahinter döste Guiseppe Sinopoli vor sich hin, noch ein Dirigent – und in Dresden Generalmusiker an der Semper-Oper. Dresden, die alte neue Musikstadt, sie zieht die großen Künstler an die Elbe.

„Herr Maazel, nicht mal ein Wasser?" bedauerte die Stewardess. Und auch Dietlinde machte nur eine abwehrende Handbewegung. Die Künstler von heute sind Asketen, stellten wir fest.

Zwei Stunden nach der Landung sahen wir die beiden wieder. Unter großem weißem Sonnenschirm – in einer südlich anmutenden Landschaft. Rosé-Champagner schäumte in ihren Gläsern. Etwas Festliches lag über der Terrasse, ohne daß etwas gefeiert worden wäre. Die beiden aßen vor der zinnenbekränzten Schloss-Fassade fast allein. Keiner kümmerte sich um das Paar, das sich an den Händen hielt, nur die Kellner, die dann und wann an den Tisch eilten, neue Gänge auftischten, große silberne Cloches von den Tellern hoben, Champagner nachschenkten … Was für ein magisches Bild. Der Fluß im Tal, leuchtend blau am Saum der grünen Wiesen; der Garten am Hang, von florentinischer Fülle, Sinnlichkeit und Pracht: die Hügel in der Ferne, deren weiche Linien mit dem Horizont verschwammen – nur Sanftheit und Seide.

Sind wir in ein spätromantisches Bühnenbild der Semper-Oper geraten? Würden Bühnenarbeiter gleich das Licht löschen? Die Prospekte mit Fluß, Terrassen, Schloss und Zinnen im Schnürboden verschwinden lassen? Keine Sorge – diese Inszenierung gibt es jeden Sommertag: Im „Schloss Eckberg" in Sachsen. In Dresden an der Elbe. Am Loschwitzer Hang.

Daß wir so aus dem Häuschen geraten, ist nicht wirklich verwunderlich. Diese Landschaft hat die Menschen immer verwöhnt, wie in Blankenese bei Hamburg siedelten zuerst die Bauern, Elbfischer in winzigen Häuschen am Ufer. Später kamen in Dresden die Winzer mit ihren Fachwerkhäuschen dazu. Und da wie dort folgten Ende des 18. Jahrhunderts die kunstsinnigen Bankiers, Kaufleute, Adelige und Fabrikanten. Und wie an der Elbchaussee in Hamburg bauten sie an der Bautzener, an der Schewenstraße bis hin zum „Weißen Hirsch" Villen, die aussahen wie Schlösser.

Kultivierte Villenbesitzer – wie der Konsistorialrat Christian Gottfried Körner – hatten bald die großen Künstler der Zeit zu Gast, Goethe, Schiller, Tieck, Novalis, Schlegel, Kleist, Wagner, von Weber, Liszt – „sie alle streiften irgendwann durch die lichten Buchen- und Eichenhaine, beflügelt und getragen von einer ungewohnten Leichtigkeit des Seins, die sie der mildtätigen Elbnatur zuschrieben", notierte Roger Anderson einmal im „Merian", „und die einem selbst heute noch die Sorgenfalten mit zarter Hand zu glätten scheint."

Die drei schönsten Elbsitze liegen nebeneinander: Schloß Albrechtsberg, Villa Stockhausen, Villa Souchay (später: Schloß Eckberg). Letztere hat der Semper-Schüler Arnold 1859 für den englischen Handelsherren und Mäzen Johann Souchay im neugotischen Tudor-Stil gebaut. Die anderen beiden Schlösser standen da schon. „Preußischer Hochadel", sagt der Landschaftsgärtner des Hotels, der 33jährige Jens-Holger Prignitz, mit ein bißchen Spott in der Stimme. Soviel Marmor, soviel Gold! Albrechtsberg, der Palast der Spätrenaissance (1850 von Schinkel-Schüler Adolf Lohse erbaut), trumpft inmitten der Weinberge ganz schön auf. „Wir Sachsen halten es eher mit der Leichtigkeit", sagt der Gärtner, „die Böhmen sind uns näher als die Berliner." Und er liebt natürliche Gärten. „Der Sachse hat ja auch seit August dem Starken 'n Faible für Kübelpflanzen."

Heimlich haben wir dennoch unser Herz für Villa Stockhausen entdeckt (1850, ebenfalls von Lohse, für den Kammerherrn des Prinzen Albrecht errichtet). Sie ist die graziöseste unter den Villen. Hier residierte später (von 1906 bis 1916) der Großindustrielle Karl August Lingner. Aus seinem Haus kam eine der besten Marketing-Ideen vor Coca Cola: „Odol" in der weißen Flasche.

Der große Hygieniker Lingner war schon tot, als der Dresdner Unternehmer Heinsius von Mayenburg in der Nachbarschaft sein Paradies entdeckte. Noch ein Erfrischungskünstler-Künstler: Der Apotheker Mayenburg – er entwickelte die Zahnpasta „Chlorodont" (samt Metalltube – die später zum Scheitern ungezählter Ehen beitragen sollte) – kaufte im Jahr 1925 die Villa Souchay (Schloß Eckberg).

43 Gärtner schufen für den Chlorodont-König den schönsten Park am Elbhang, allein der Steingarten umfaßte einen Hektar und galt damit als zweitgrößter Europas. 18 festangestellte Gärtner waren es, so haben es die Mayenburg-Töchter dem Hotel-Gärtner Jens-Holger Prignitz bei einem Besuch verraten, auch noch nach dem Tod des berühmten Unternehmers und Begründers der Leo-Werke, bis zum 2. Weltkrieg. Bekommt man Aufnahmen aus den dreißiger Jahren zu Gesicht, ist man getroffen bis ins Herz: So sieht Arkadien aus!

Elf Jahre arbeitet Gärtner Prignitz schon im Schloß. Vier Betreiber hat er dabei erlebt. Nach der Wende war Schloß Eckberg vorläufig an den Freistaat Sachsen übergegangen. Bayrische Beamte, die beim Aufbau der Verwaltung helfen sollten, wohnten in den früheren Jugendtourist-Zimmern, einfach, aber miefig, das ganze Schloß atmete die grausame Wirklichkeit des real existierenden Sozialismus.

Trotzdem hat sich ein bayerischer Gast (bei einem Eisbein mit Sauerkraut plus Sättigungsbeilage) in das Anwesen verliebt. Wenn man hier auch noch anständig essen könnte… Vor seinen Augen stand die Vision – Service, Anmut, Festlichkeit … Er fühlte: Arkadien ist nah.

Wir träumen solche Träume auch. Aber wenn Helmut Röschinger, geschäftsführender Gesellschafter der „Argenta" ins Träumen gerät (die Münchner Unternehmensgruppe investierte über eine halbe Milliarde Mark in den neuen Bundesländern), dann zeitigt das schönere Ergebnisse. Er kaufte Schloß und 150 000 Quadratmeter Park den Mayenburg-Erben ab und investierte in die Instandsetzung noch einmal 25 Millionen. Im Gegensatz zu den Abschreibungshäusern, die allerorten mit lieblosem Billig-Chic und ohne das rechte Fingerspitzengefühl eingerichtet wurden, herrscht in Schloss Eckberg eine schöne Harmonie zwischen Neu und Alt, Historismus und Moderne.

Stilsicherheit alleine aber macht die Gäste nicht froh. Auch ein Kleinod braucht eine Seele, und da hat Röschinger vielleicht seinen allerbesten Griff getan. Ute und Hans-Joachim Herrmann führen das Haus ebenso persönlich wie professionell. Man spürt es von der ersten Sekunde – das Schloß ist Hobby und Berufung, Schloß Eckberg ihr Leben.

Als wir um halb vier von unserem Mittagstisch aufbrachen, ließen sich Lorin Maazel und Dietlinde gerade zwei riesige Dessertbecher mit Sahne servieren. Sachsen macht sinnlich, dachten wir zufrieden. Aber das war auf diesen Hügeln immer schon so. „O Gott, wie herrlich ist hier von meinem Plätzchen auf dem Berge die weite Gegend!" seufzte Ludwig Richter in seinen Briefen von den Loschwitzer Elbhöhen. „So himmlich schön, so sinnlich schön! Der blaue tiefe Himmel, die weite grüne Welt…"

Manche Dinge ändern sich Gott sei Dank nicht.

Diese Bibliothek gehört zur Suite 408. Sie wurde in den 20er Jahren eingebaut. Heute mischt der Italiener Danilo Silvestrin geschickt Alt und Neu.

SCHLOSS ECKBERG

In den 30ern zählte der Park am Elbhang zu den schönsten Europas – mit 43 Gärtnern. Sieht man Photos aus jener Zeit, ist man getroffen bis ins Herz: So sah Arkadien aus.

NEW FOREST
CHEWTON GLEN

„Hier würde ich gern ein Haus haben und die übrigen Leute vertreiben wie Wilhelm der Eroberer", schwor sich der Romantiker Robert Southey als er zum ersten Mal Südenglands New Forest sah. Heute wäre er vermutlich friedlicher. Er residierte einfach im „Chewton Glen". Wohnte in einer der Blumensuiten und träfe sich nachmittags manierlich mit den anderen Gästen zum Tee. – Nichts als das feine Klirren der Silberlöffel stört die Stille im Salon. Nur dann und wann weht ein heftiger Fluch vom angrenzenden Golfplatz herüber. Dann hat sicher wieder jemand einen Ball in einen der reizenden Weiher verschlagen.

Ist es das viele Grün? – Im „Chewton Glen" wird man einfach ein besserer Mensch. Auch manche Ehe soll das schon gekittet haben.

CHEWTON GLEN

Aufmerksam hätten wir schon Anfang der achtziger Jahre werden müssen, als die Garde der professionellen Genießer gesammelt zu einem Landhotel in dem bis dahin nicht übermäßig bekannten Ort New Milton Hampshire pilgerte: Feinschmecker Wolfram Siebeck („das Hotel hat alles, was ein verwöhnter Gast von einem erstklassigen Haus erwartet"), Ferdinand Ranft („kuschelige Doppelzimmer") oder Rudolf Walter Leonhardt, der sich für ein politisches Dossier in der ZEIT gar der Mühe unterzog, die Rolls Royce auf dem Hotelparkplatz zu zählen.

War das schon Grund genug, um ausgerechnet dort, im regenreichen England, mit dem Lebensgefährten in ein romantisches Wochenende hinein zu träumen?

Anlaß für unseren ersten Besuch im „Chewton Glen" waren dann auch nicht die ungezählten ehrenvollen Erwähnungen, Ernennungen, Plaketten und Auszeichnungen, die das Hotel im letzten Jahrzehnt erfuhr, sondern das spontane Geständnis einer sehr jungen und sehr temperamentvoll verheirateten Londoner Freundin: „Du, wenn es bei uns kracht, fahren wir ins ‚Chewton Glen'. Da löst sich alles auf in Harmonie."

Einen solchen Ort zu kennen, empfiehlt sich auch für weniger frisch verbundene Paare. Den Ausflug unternahmen wir dennoch zögernd. Wahrscheinlich würden wir an der uns unbekannten Küste die ganze Zeit die Sonne abwarten und englischen Tee trinken.

Wir hatten ja nicht gewußt, daß es Geoff Gates gibt! Der Chauffeuer des „Chewton Glen" war in diversen Zeitungen zwar bereits als der Welt bekanntester Fahrer beschrieben worden, aber wir empfanden es dennoch als Geschenk, mit wieviel Humor und Kennerschaft uns der kauzige Genießer seine Heimat präsentierte.

Inzwischen lenkt Geoff keine feinen Jaguars mehr; aber die Landschaft erzählt weiter seine Geschichten.

Denn der „New Forest", einer der großen Naturparks der Insel, ist ein wahrhaft märchenhaftes Land. Herden wilder, fellverstrubbelter Ponys ziehen dort zwischen Heidekraut und Kiefernwäldchen umher, nur beobachtet von Wildhütern und hin und wieder aufgeschreckt von einer Picknick-Gruppe.

Nein, wir hätten nicht geahnt, daß es noch solche Landschaften gibt. Hügel, die sich wie Wellen zum Horizont ziehen, sanftgrüne Dünung, durchsetzt mit Stechginster, Farn- und Rhododendronbüschen.

Aber ist's ein Wunder? Hier hat Alice im Wunderland tatsächlich gelebt. In Hampshire ist sie aufgewachsen. Im Herzen des „New Forest" liegt sie begraben.

Roter Backstein, weiße Säulen, Sprossenfenster, grüne Fensterläden, Markisen, Terrassen, Terrakottatöpfe – als wir die Landhaus-Front des „Chewton Glen" am Rand des Naturparks zum ersten Mal sehen, wissen wir sofort: Hier möchten wir leben wie Lord und Lady.

Ähnlich ist es Martin Skan ergangen, als

Leichte Verführungen: Lamm und Wildbeeren zum Dessert. Wer aber noch Scones zum Tee nascht, muß in den Pool.

er das Haus 1966 entdeckte (es hatte gerade zwei Schlafzimmer mit eigenem Bad). Inzwischen hat er das fast dreihundert Jahre alte „Chewton Glen" zu einem Countryhotel der Luxusklasse ausgebaut. Aber noch heute kommt Martin Skan, der Perfektionist, nicht zur Ruhe. Gerade hat er wieder neue Suiten und Salons eingeweiht – und wohl eines der edelsten Hotel-Hallenbäder der Welt eröffnet, (mit römischen Säulen, Schönheitsfarm und eleganter Folterkammer).

Und doch fühlt man sich im „Chewton Glen" sofort zu Hause. Das ist das Verdienst seiner Frau Brigitte, die mit derselben Liebe zum Detail einrichtet und dekoriert. In den Fluren hat sie antiquarische Bücher verteilt, alte Brillen, Ferngläser und Kameras, edles China-Porzellan und lederne abgewetzte Golfsäcke.

Wie absichtslos liegt eine Wolldecke auf dem Schaukelstuhl, stehen Schalen mit getrockneten Blütenblättern oder englischen Bonbons auf Konsolen.

Wer englische Stoff-Kombinationen mag, gerät im „Chewton Glen" aus dem Häuschen. Tupfen, Rosen, Streifen, Ranken, in jedem Zimmer werden die Dekorstoffe wieder anders gezogen, gerüscht, gesteppt und gerafft. Dies aber mit Delikatesse. Das sind nicht einfach Blümchen-Zimmer. Die Stoffe, fast alle von „Colefax and fowler", sind – Punkt, Karo, Strich – genau aufeinander abgestimmt. Und verwandeln die Schlafzimmer in lichte Träume aus Gelb, Hellblau, Hellgrün und Rosé.

Es ist, als habe Ralph Lauren Regie geführt. Tatsächlich ist es genau umgekehrt: Der Designer hat die über Jahrhunderte gewachsene Kultur der englischen Herrensitze kopiert und über die halbe Welt verbreitet. *Country-Style* à la Ralph Lauren, das liebt man inzwischen von New York bis München.

Am liebsten bliebe ich einfach in meinem chintzgeblümten Bett und zählte die Rosen. Oder blätterte in einem Buch von Captain Frederick Marryat.

Der alte Seebär hat 1840 im „Chewton Glen" gelebt und seinen in England beliebten Abenteuerroman „Die Kinder des New Forest" recherchiert.

Marryats Bruder George hatte das Landhaus 1837 gekauft. Und der Captain konnte

Wie im privaten Wohnzimmer trifft man sich in den Salons. Und die Augen freuen sich an den ruhigen Farben, dem frischen Grün.

im Grünen ein wenig Atem schöpfen. Er war bis dahin ja ganz schön rumgekommen. 1821 schob er Wache auf St. Helena – und malte Napoleon auf dem Totenbett. Dann jagte er mit der „Rosario" Schmuggler zwischen Portsmouth und Start Point. Und 1824 segelte er mit dem Schoner „Larne" bis nach Rangun, und nahm am ersten Krieg gegen Burma teil.

Das Haus steckt voller Geschichten, und es lebt mit ihnen. *Lady Baker* oder *Mr. Midshipman Easy* heißen die Zimmer nach Captain Marryats Romanfiguren. Auch kann man in der weinroten Bar einen „Mint Julep" auf den alten Captain trinken (den Drink brachte der Seefahrer einst aus Amerika mit).

Aber was tut man am Nachmittag im „Chewton Glen"? Natürlich Tee trinken! Und das ist dann wirklich unbeschreiblich.

Draußen jagt ein starker Wind die Wolken, drinnen knistert der Kamin, duftet der Darjeeling, und auf dem Teller liegen warme hausgemachte *Scones*, weiche Kuchen, mit Erdbeermarmelade und doppeltem Rahm (*clotted cream*).

Das schmeckt göttlich und widerlegt Somerset Maugham, der Genießern nachdrücklich empfahl, in England nur zu frühstücken.

Schade, daß sogar die Engländer ihrer Küche nicht trauen. Was für Produkte gibt es doch am Rande des „New Forest!" Wild, Geflügel, wunderbare Hummer, Fluß- und Seefische.

Denn der Naturpark hat zwei große Katastrophen erfolgreich überstanden: die Holzfäller der Schiffswerften und die moderne Zivilisation. Früchte und Wildbeeren schmecken hier noch wie zu Urgroßvaters Zeiten. Doch was wird daraus? Französische Küche!

Chefkoch Pierre Chevillard (vorher „Troigros" in Roanne), der Zucchiniblüten und Salat extra von einem Bauern in der Nachbarschaft ziehen läßt, hat seinen Michelin-Stern wohlverdient.

Aber wir würden auch gerne erfahren, wie ein kreativer Koch englische Regionalküche interpretiert, wie Schweinebraten mit Apfelsauce schmeckt, Kidney-Pudding oder Schinken aus Wiltshire. Genau das aber wollen die eleganten Londoner nicht, die – nur für den Lunch – mit Hubschraubern einfliegen.

Bei Sturm wandern wir zum Meer, freuen uns an dem Donnern der Wellen, und spucken hinüber zur Isle of Wight. Dann brennt plötzlich die Frühjahrssonne durch die Wolken, die Golfspieler eilen auf die Plätze, die Ponys schütteln sich den Regen aus dem Fell, und die Landschaft leuchtet wie frisch gemalt.

Nein, wir sind nicht traurig, daß noch keine Badezeit ist, wir schaffen ja schon so kaum, die Umgebung zu genießen. Und wir wollten doch unbedingt Ale im Hafenstädtchen Lymington trinken und ein salziges Fischbrötchen essen; wollten auf den höchsten Kirchturm Englands in Salisbury klettern und weit übers grüne Land schauen, das Rätsel von Stonehenge, diesem seltsamen prähistorischen Steinkreis verstehen lernen; wollten Ponys streicheln und mit einem Picknickkorb unter Bäumen sitzen, wir wollten Milton House bewundern, am Strand rennen …

Es ist passiert. Wie Johanna Schopenhauer möchten wir nur noch eines: „Reisen! Reisen! England sehen!"

Hier stimmt das Klischee: Die Schweizerin Brigitte und der Brite Martin Skan sind Herz und Seele des Hauses.

LONDON
BLAKES

Hinter einer dezenten Fassade verbirgt sich das „Blakes". Ein Hotel, so elegant, lebendig, theatralisch, weltstädtisch, verrückt wie London selbst: Nicht alles ist Blattgold, was im „Blakes" glänzt. – Würdiger sind die alten Paläste sicher, das „Claridge's" zum Beispiel oder das feine „Connaught". Aber wollen Sie immer würdig sein? – Lassen Sie sich ein auf Anouska Hempels pompöse Träume. Spielen Sie Ihre Rolle auf dieser Hotel-Bühne: Langweilen werden Sie sich nicht.

Lady Hempel liebt Tricks. Das Himmelbett wurde aus einem einfachen Holzgestell zusammengezimmert und dann mit schwerem schwarzgoldenen Moiré dekoriert.

BLAKES

Vernünftigerweise sollten wir Ihnen in London das kleine Frühstücks-Hotel an der Ecke vorstellen. Wir wollen aber nicht vernünftig sein. Wir wollen mitten hinein ins neue alte swinging London, auf den größten Marktplatz der Welt, glitzernd, bunt, verschwenderisch, theatralisch, lebendig, verrückt, neureich und verrucht: also ins „Blakes".

Wir kamen spät an. Folgten dem Hotelboy todmüde durch lange unübersichtliche Flure. *Do you like the room?* fragte der Boy schließlich und setzte die Koffer ab, doch uns hatte es längst die Sprache verschlagen, deutsch oder englisch, nichts ging mehr. Du lieber Himmel! – Was für ein Zimmer.

Richard Wagner hätte sich sofort zu Hause gefühlt und einen Flügel zwischen die chinesischen Lack-Tische geschoben. Ludwig von Bayern wäre unter dem goldenen Baldachin auf dem schwarz-goldenen Empire-Bett ins Schwärmen geraten, das zur Not auch als ägyptische Gondoliere durchgehen würde. Kleopatra könnte auf samtschwarzem Teppichboden zum raffiniert ausgeleuchteten Luxusbad schreiten und dabei *Les Jardins des Versailles* auf alten Drucken in Goldrahmen bewundern oder den hinter einem nachtschwarzen Vorhang versteckten Videorecorder bedienen. Wenn Sie jetzt meinen, Ort und Zeit seien bei uns durcheinander geraten, haben Sie völlig recht. Wir liegen unter den dick gefütterten, verschwenderisch fallenden Stoffen und ringen um Atem, weil ein englischer Lord, mit Sinn für Country-Stil, auch noch in ungezählte Glasschälchen die nach Pfirsich duftenden Blätter getrockneter Blüten verbröselt hat.

Aber die Mischung aus Plüsch, Prunk, Spaß, Schloß, Deko, Puff und Pomp turnt an. Das sind keine dekorierten Zimmer, das sind Kulissen, Theaterkulissen, und wären wir zu zweit, würden wir den Room-Service bemühen (er funktioniert hier verläßlich die ganze Nacht) und uns ein schönes Stück mit Happy-End ausdenken. Stattdes-

Jedes Bad ist passend zum Schlafraum gestaltet, hier ist es schwarz-gold bis ins kleinste Detail. Selbst der Sack für die Schmutzwäsche ist aus goldfarbenem Moiré.

sen gehen wir mit einer Freundin um 23 Uhr noch einen Happen Essen. Nur mit Mühe gibt es im Restaurant des Blakes noch einen Platz. Oper, Theater und Kinos sind aus, und eine aufgeräumt diskutierende, lachende, glitzernde, gestikulierende Menge strömt die Treppe herunter, als seien wir in Mailand und die Saison an der Scala habe gerade eröffnet.

Es ist aber ein ganz normaler Abend im Restaurant des Blakes, der Bühne für das bekannte und allseits beliebte Ensemble aus Werbedarstellern und Modekönigen, Presseheinis, Jung-Bankern und Immobilienmaklern mit ihren schönen Mädchen, meistens auch in der kühlen Jahreszeit mit nackten englisch perlmuttweißen Schultern. Die hautengen Korsagen aus gerafftem Chiffon lassen Atmen nur in unregelmäßigen Abständen zu, wahrscheinlich liegen dieses Jahr Riechfläschchen unter dem Weihnachtsbaum. Lauter schrille kosmopolitische Leute, die Abwechslung und von allem das Beste wollen. Darum stehen auf der Karte auch getreulich beieinander: „Foie Gras" und „Sashimi", „Carpaccio con Parmigiano" und „Soufflé Suissesse".

Dazu noch indisch „Chicken Tikka" mit „Chilli Rayta" und natürlich ein „Roast Rack of Englisch Lamb with Rosemary". Und wie wärs dann mit einem „Coconut Ice" und „Œufs à la Neige avec Zabaglione" zum Dessert?

Das paßt ja nun alles überhaupt nicht zusammen, und eigentlich wieder doch, es setzt den bei der Inneneinrichtung so schwungvollen Umgang mit Stilen und Moden beim Essen einfach fort (für die ver-

Anouska Hempel mischt die Stile, wie es ihr gefällt.
Im Foyer stehen abgewetzte Vuitton-Koffer als Beistelltisch,
daneben Rattan- und Biedermeier-Möbel.

wöhnte Zunge freilich ein wenig zu mampfig, sahnig, schwer), und ist so grundfalsch nicht in einer Stadt, die unter anderem 110 000 Inder, 65 000 Afrikaner, 32 000 Pakistani und Bengalen, 12 000 Chinesen und 9000 Ceylonesen in ihren Mauern wohnen hat.

Und wer hat das alles ausgehext? Natürlich eine Lady. Anouska Hempel, Schauspielerin, Model, Society Schönheit, heute verheiratete Lady Weinberg. Seit 1976 hat sie dieses Hotel zu ihrem Steckenpferd gemacht. Sich eine ganze Schar von Handwerkern herangezogen, Möbel-Restaurateure, Polsterer, Dekorateure, Gipser, Maler, Näher, Schreiner, Trompe-l'œuil-Zeichner, die ihre Designer-Träume mit einer Detailfreude umsetzen, als sei dies ein privates Luxushaus. Blumen, vor allem Lilien, Hortensien, Lorbeer und Buchs ziehen Gärtner auf dem Landgut der Lady. Die Vasen werden nach ihren Entwürfen gefüllt, und weil das natürlich auf Dauer nicht ausfüllt, entwirft Anouska Hempel inzwischen auch Mode, Haute Couture, mit verschwenderischer Dezenz und unerschwinglichen Preisen. 4500 Pfund kostet die Abendrobe, also ungefähr 15 000 Mark. *This is the twist of difference,* sagt die Verkäuferin milde in unser erschrecktes Gesicht.

Denn was ist das schon in dieser Stadt, wo die Damen in der Sloane Street ihre Kreditkarten nicht mal mehr selbst auf den Tresen legen (das erledigt der Butler, während die Dame schon im nächsten Laden ihrem Kaufrausch erliegt).

London ist Leben, London ist Weltstadt, London ist elegant und verludert, luxuriös und verlottert, London ist einfach wunderbar.

Die chinesische Ecke ist der einzige Aufenthaltsraum. Aber ein Bridge-Zimmer fehlt hier keinem. „Unsere Gäste gehen jeden Abend aus", sagt der Manager.

DARTMOOR
GIDLEIGH PARK

Dem Hund von Baskerville sind wir im Dartmoor glücklicherweise nicht begegnet. Aber wir haben dort eine Landhaus-Oase entdeckt, die selbst Sir Conan Doyle alias Sherlock Holmes die Sprache verschlagen hätte: das „Gidleigh Park" von Kay und Paul Henderson. Wer einmal beim Rauschen des North Teign in Devon eingeschlafen ist, wird grün und sanft bis ins Herz und möchte mit Prinz Charles Aquarelle malen und Schafe hüten gehen.

Teuflische Verführungen warten im „Gidleigh Park". Im Wintergarten wird „Cream Tea" serviert, abends locken gefährliche Schokoladen-Desserts – dunkel wie das Moor.

GIDLEIGH PARK

Wahrscheinlich sehe ich einfach zu oft diese deutschen Krimis im Fernsehen, die schon so abgewetzt sind wie der Regenmantel von Heinz Drache und so leer wie die Augen von Klaus Kinski. Denn für mich ist das längst Tatsache: Mabuse ist irr; und im Dartmoor ist's neblig. Beiden, Mann und Moor, will ich nicht mal im Traum begegnen.

Besonders teuflisch milchsuppig ist mir diese Sumpf-Gegend aus Sir Conan Doyles Klassiker „Der Hund von Baskerville" erinnerlich. Fröstelnd irren da entsprungene Sträflinge durchs einsame kalte Moor; und die kleinen wilden Dartmoor-Ponies schreien voller Todesangst, bevor sie der schwarze Schlick verschlingt. Und ob Sie's glauben oder nicht: Genau da liegt unser Traumhotel.

Da Sherlock Holmes das Zeitliche gesegnet hat und Agatha Christie, die erst nach einer Wanderung durchs Dartmoor zum Krimi-Schreiben fand, leider auch nicht mehr zur Verfügung steht, lade ich meinen gefahrenerprobten Lebensgefährten mit auf die Recherche. Der packt Regenhaut und Gummistiefel ein, denn im Dartmoor regne es durchschnittlich an 218 Tagen im Jahr, die restlichen Tage, grummelt er in seinen Bart, sei Nebel. In London ist der Himmel natürlich grau, und während der dreistündigen Autofahrt in die Grafschaft Devon senkt sich eine pechschwarze Nacht übers Land. „Sie werden nicht vor 23 Uhr in ‚Gidleigh Park' eintreffen", hat Paul Henderson, der Besitzer des Hotels vorgewarnt, „deshalb servieren wir Ihnen nur ein *cold supper*."

Wir schauen in die sternenlose Nacht und überlegen, was das in England wohl bedeuten könnte: cold supper. „Das klingt nach Käsetoast", befindet der Gefährte trokken, „günstigenfalls ist es ein kaltes Hühnerbein."

Kurz nach dem Städtchen Exeter sind die Straßen genauso breit wie unser Auto. Mannshohe Hecken links und rechts. Was passiert, wenn ein Wagen entgegenkommt? – Da, ein gescheckter Hund! – Die Bremsen quietschen. Mit eingezogenem Schwanz drückt sich das magere Tier an die Seite. Der Hund von Baskerville ist es augenscheinlich nicht. Den riesenhaften Köter hat Sherlock Holmes genau hier getroffen: *Feuer sprühte aus seinem offenen Rachen, die Augen glühten, Lefzen und Wamme waren von hellem Glast umloht. Ein Wahnsinniger konnte sich in seinen Träumen kein wilderes, grausigeres Untier ausmalen. Wie eine Ausgeburt der Hölle brach die Bestie aus dem Nebel hervor.*

Der Wagen stoppt. Wir sind angekommen. Freundlich erwartet uns eine junge Empfangsdame an der Tür. In der Halle wärmt sich eine Katze am Kaminfeuer.

Staunend nehmen wir das behagliche Zimmer in Augenschein, die alte Truhe, den herrschaftlichen Baldachin über dem Bett, die Bücher auf dem Sekretär.

„Wünschen Sie Wein zum Imbiß?" Im kleinen Salon wird gerade der Tisch gedeckt. Das *cold supper!* Ein paar Minuten später probieren wir „Tatar von rohem Lachs", einen leichten Sommersalat, Teller mit Lammschinken und weiße und braune Schokoladen-Überraschungen als Dessert.

Ich öffne eines der großen bleiverglasten Fenster. Keine Nebelschwaden. Nur würzige Luft und ein milder Mond. Kein Schrei zerreißt die Nacht. Unseren Schlaf begleitet allein das Rauschen eines Bachs. *„Das Moor wird niemals langweilig. Sie glauben gar nicht, was für wunderbare*

Englisch bis in die letzte Blütenranke sind die Hotelzimmer. Überall kostbare Stoffe, fröhliche Farben und auf dem Nachttisch Bücher und Blumen für jeden Gast.

GIDLEIGH PARK

Geheimnisse es birgt …", liest der Gefährte anderntags gutgelaunt aus dem Baskerville-Buch vor. Und das ist kein Wunder. Vor unserem Fenster dehnt sich ein unendlich grüner Rasen bis zu einem wasserfunkelnden Fluß, dahinter ziehen sich grüne Hügelwellen bis zum Horizont, und über den tiefblauen Himmel jagen weiße Wolkenbüschel.

Gibt es irgendwo etwas Lieblicheres auf der Welt als dieses Teign-Tal? Einen ganzen Tag lang wandern wir am Ufer des North-Teign-River. Balancieren auf großen runden Steinen, entdecken Rhododendron-Wälder, Ilex-Bäume so mächtig wie Tannen, Ginsterbüsche und Farne, meterhoch; wir sehen Forellen schnappen und schlafende Schafe unter flechtenüberzogenen Eichen.

Kay und Paul Henderson, beide gebürtige Amerikaner, haben dieses Paradies 1977 entdeckt. Damals eine grüne Hölle mit einem verlotterten Landhaus am Hang. „Der Rhododendron hatte alles überwuchert", sagt Paul, „selbst der Fluß war nicht mehr zu sehen."

Nach 15 Minuten Bedenkzeit wußten die weitgereisten Hendersons jedoch, daß sie hier, am Rande des Dartmoor-Nationalparks, sich ihren Traum erfüllen würden: ein Landhotel zu kreieren, in dem sie sich selber als Gäste wohlfühlen würden.

Heute hat Henderson 40 Angestellte, darunter den englischen Star-Koch Michael Caines, eine eigene Quelle zur Wasserversorgung, einen wettbewerbsfähigen Croquet-Platz, eine private Kläranlage („Strom ist wirklich das einzige, das wir von draußen beziehen"), eine der ambitioniertesten Weinkarten ganz Englands, ungezählte Preise und Auszeichnungen – und jede Menge Stress!

„Es waren sieben Jahre Kampf", sagte Paul Henderson, der heute Mühe hat, alle Stammgäste aus London am Wochenende unterzubringen. „Und die Arbeit hört nie auf: Mit dem Wassergarten zum Beispiel werden wir erst dieses Jahr wirklich fertig."

Die Hendersons entdeckten die poetische Komposition aus Teichen, Brücken und Teign-Steinen unter einem Rhododendron-Wald in ihrem 40 Morgen großen Park und legten die Anlage behutsam frei, die der Erbauer des Gidleigh-Landhauses, ein australischer Schiffs-Magnat, in den zwanziger Jahren angelegt hatte. Jetzt blühen wieder Wasserrosen. Und stehlen Eichhörnchen das Futter der Enten.

Dann aber treibt der Gefährte ins Moor. Was will er nur in diesem Sumpf? Er läßt sich von Henderson eine Karte geben, *A walk to the moor,* und rennt unerbittlich los, ich maulend im Schlepp, die Schreie der erstickenden Ponies im Ohr.

Wir klettern das Teign-Tal hinauf – und sehen nichts als eine unendliche Hochebene mit Wiesen, in Hecken und Mauern eingefaßt, weite karge Ebenen mit Heidekraut, krummen Birken, Krüppelkiefern und Hügel, Hügel bis zum Horizont.

Etwas Braunes wälzte sich in den grünen Binsen. Dann streckte sich in Todesangst ein langer Hals empor, und ein furchtbarer Laut hallte herüber. Mich überlief es kalt vor Entsetzen, aber mein Begleiter schien stärkere Nerven zu besitzen. „Weg ist es"! sagte er. „Der Sumpf hat es verschlungen."

Verirrt haben wir uns schließlich doch. Schilder gibt es in dieser Einsamkeit nicht. Dafür Steine aus der Vorzeit, stumm und rätselhaft, in magischen Kreisen oder mythischer Verlorenheit … „Man kommt sich vor wie auf dem Rücken eines Dinosauriers", schrieb der Schriftsteller Colin Wilson einmal über diese uralte geheimnisvolle Kulturlandschaft. Wo aber ist der Weg? In unserer Not treffen wir weder seine Hoheit Prinz Charles, der zu den Großgrundbesitzern der Grafschaft Devon zählt, noch hören wir das Fauchen des Höllenhundes mit den tiefliegenden grausamen Augen; wir hören schließlich ganz einfach das vertraute Rauschen des guten Teign – und finden an seinem Ufer zurück.

So sitzen wir rechtzeitig zur Teestunde auf der Terrasse bei Scones, Erdbeermarmelade und *clotted cream,* so friedlich und dankbar, als wären wir im Paradies. Der junge Sir Henry Baskerville hat dafür, als er seine Heimat Devonshire nach Auslandsreisen wiedersah Worte gefunden: *Ich habe ein gutes Stück von der Welt gesehen, seit ich von hier fortging, Dr. Watson, aber nie sah ich ein Fleckchen Erde, das sich mit diesem vergleichen läßt.*

Wahrscheinlich hat Sir Henry recht. Und wir sehen einfach zu viele schlechte Filme im Fernsehen an.

LIMERICK
ADARE MANOR

Über 200 Jahre, genau bis 1982, haben die Earls von Dunraven im prachtvollen „Adare Manor" residiert. Dann wurde der irische Märchenpalast Luxus-Hotel. Heute sind dort die Golfer König. Debütanten aus aller Welt verschlagen ihre Bälle – in die schloßeigenen Gewässer. Aber natürlich werden in dem 330 Hektar großen Park auch Füchse gejagt und Lachse geangelt, Tennisschläger oder Pferde bewegt. Aber auch Leute, die gemeinhin nur Guiness-Gläser in der Hand halten, fühlen sich vor einem der fünfundsiebzig Kamine des gepflegten Schlosses durchaus wohl.

Ein Schloß wie eine Kathedrale. Mit Türmchen und Zinnen, neugotischem Speisesaal und einem Park voller uralter Steine, Bäume und Geheimnisse . . .

Irland-Kennern erzählen zu wollen, wo sie übernachten sollen und wo nicht, wäre in meinem Fall so, als würde ich einem Golfer mit Handicap 8 erzählen wie er den Schläger halten soll – und hätte selbst noch nicht mal Platzreife.

Ich bin, was die grüne Insel betrifft, das grünste Greenhorn aller Zeiten. Und habe bisher weder ein Hausboot auf dem Shannon bewegt noch einen Planwagen über Land. Nur an langatmige Irland-Schwärmereien unserer Freunde erinnere ich mich („Solche Stimmungen, die gibt's nur an irischen Himmeln"). Habe dieses aber bisher als die Dankbarkeit von Leuten abgetan, die nach zwei Urlaubswochen Nässe endlich mal wieder die Sonne sehen ...

Im Oktober soll ich plötzlich ein irisches Schloßhotel angucken. Natürlich würde es regnen, und darum bitte ich meinen Lebensgefährten auch dieses schwere Los mit mir zu teilen. – Unser Flugzeug landet spätnachmittags, und aus dem grauen nassen Tag wird schnell eine dunkle nasse Nacht. Ich schließe die Augen und frage mich, ob das sagenhafte Schloßhotel wohl Gummistiefel zum Ausleihen haben würde.

„Mach' mal eben die Augen auf", sagt der Lebensgefährte. Du lieber Himmel. Vor uns in der schwarzen Nacht taucht ein Märchenpalast auf, alle Fenster hellgold, die Zinnen lichtschimmernd, spitze hohe Türme ... Was für ein Koloß.

Auf den ersten Blick scheint es mir wie eine kühne Mischung zwischen Ulmer Münster und Notre Dame von Paris. Aber die Eingangshalle erinnert dann eher an den Kölner Dom. (Soll aber, wie wir

Die Badezimmer der Suiten sind so groß wie ein Tanzsaal. Mit Kamin und Antiquitäten – schon morgens fühlt man sich wie eine Prinzessin.

Die Schlafzimmer sind ziemlich wuchtig geraten, sehr hoch und majestätisch kühl, die Betten mächtig. Da ist es gut, man hat den richtigen Prinzen dabei.

später erfahren, vom Versailler Schloß abgekupfert worden sein). In jedem Fall ist die „Ministral's Gallery" mit ihren vierzig Metern die längste Galerie Irlands und die zweitlängste Europas, was wir gerne bezeugen. Denn irgendwo, sehr weit hinten in diesem Kirchenschiff, flammt ein Kamin, und daneben steht ein kleiner Schreibtisch. Dahinter sitzt wiederum ganz klein eine Dame und sagt freundlich: „Welcome".

Sie führt uns beherzt eine schwere Eichentreppe hinauf und würdigt die großen geschnitzten Raben auf dem Geländer keines Blickes. Die sitzen böse auf ihren Holzpodesten, ganz so als wollten sie gleich zuhacken. Sie sehen aber schon sehr lange so hakenschnäbelig böse aus, genau, seitdem sie die Gattin des 2. Earls von Dunraven (raven!) 1839 für ihren Mann hat schnitzen lassen.

Die zierliche Dame führt uns in ein Zimmer, in dem wir getrost sämtliche Irland-Liebhaber aus unserem Bekanntenkreis unterbringen könnten, mit uns zusammen, versteht sich. Nicht mal in der Naßzelle käme es zu Engpässen. Denn das Badezimmer im „Adare Manor" ist, glaube ich, das größte und schönste, in dem ich mir je die Zähne geputzt habe. Überall Marmor und kostbare Spiegel und dazwischen ehrwürdige Lehnstühle und antike Kommoden: ein fürstliches Boudoir mit allem modernen Komfort.

Wie zwei riesige Schlachtschiffe ruhen die beiden Betten im Schlafgemach. Jedes davon böte vier Personen bequem Platz. Der Lebensgefährte zündet Feuer an im Kamin und bei einem Glas Sherry beraten wir, ob wir beide Schiffe benützen (dann allerdings könnten wir uns nur per Zuruf verständigen) oder in eines gemeinsam schlüpfen. Vielleicht, gebe ich zu bedenken, rührten ja einige Probleme im benachbarten englischen Königshaus daher, daß diese Menschen in ihren Schlössern einfach zuviel Platz haben, darum mußte die arme Lady Di einst soviel weinen, aber der Lebensgefährte fand derartige Überlegungen ebenso unpassend wie infantil.

Draußen rauscht der Regen, er flüstert uns in den Schlaf, und er weckt uns prasselnd am Morgen. Und das ist dann wirklich herrlich. Man kann sich in Ruhe das Frühstück aufs Zimmer bestellen. In einen

Trotz seiner monumentalen Pracht ist es ein behagliches Schloß. Im Drawing Room lassen sich die Gäste vom sanften Grün vor den Fenstern besänftigen.

der schweren Polstersessel versinken und in der Zeitung schmökern. Und versäumt nichts. Im „Adare Manor" kann man außerdem den ganzen Tag auf Entdeckungsreise gehen. Statistisch gesehen gibt es 75 offene Kamine, 52 Schornsteine und 365 bleiverglaste Fenster. Aber das sagt natürlich noch nichts über die verschwenderische Pracht dieses Hauses mitten im Limerick-Land. Über die wiesengroßen Teppiche, die Gemälde, die lederbezogenen Sessel, die Kronleuchter...

Diese Liebe zum Detail verdankt das Haus dem 2. Earl von Dunraven, der, wie es in den Chroniken steht, „durch Krankheit gehindert war, Zerstreuungen wie Fischen oder Jagen nachzugehen". Er machte aus dem Schloß am Flüßchen Maigue, das die „Quinns", ein altes irisches Geschlecht, 1721 gegründet hatten, ein Kleinod. Dreißig Jahre lang, von 1832 bis 1860, schmückte er, später auch sein Sohn, Haus und Park. Und damit sein Auge ja nichts beleidigte, baute er praktischerweise das Dörfchen Adare gleich noch mit dazu. Erst 1987 kaufte die Multimillionärsfamilie Kane aus New Jersey das Anwesen für zwei Millionen irische Pfund und verwandelte es für weitere sieben Millionen in ein Luxushotel.

Wir trinken Tee im eleganten Drawing Room (mit Scones), nehmen Drinks in der Bar (mit Canapés), essen vorzüglich im Restaurant (mit Lachs, Ente, Waldbeeren) und versuchen am nächsten Tag die Scones im Fitnessraum, die Canapés in der Sauna und Ente und Lachs in der Schwimmhalle wieder auszuschwitzen. Und, soweit man das beurteilen kann, sind die anderen Gäste (vornehmlich Luxus-Rundreise-Touristen aus den USA) mit nichts anderem beschäftigt.

Aber irgendwann drängt es uns aus der feuchtwarmen Luft der Schwimmhalle in die feuchtkalte Luft draußen. Mit Gummistiefeln, Schutzjacke, Schirm spazieren wir nach Adare. In diesem Dorf haben die Cottages dicke Reetmützen auf, die Fenster sind blaugestrichen, verblühte Rosensträucher stehen tropfnaß in den Vorgärten. Überall winzige Lädchen, Cafés und Pubs. Adare gilt als schönstes Dorf Irlands und hat im Sommer Hochbetrieb.

Wir stöbern in den Buchläden und flüchten uns dann in die Wärme eines Pubs. Das erste Guinness. Dunkel schwappt es im Glas. Mit einem Sahnehäubchen drauf. Bevor ich das dritte Glas und ein Sandwich mit geräuchertem Lachs bestelle, drängt der Lebensgefährte zum Aufbruch.

Im Schloßpark sehen wir Eichen, jahrhundertealt, Buchen, schon herbstrot. Am Boden ein paar windschiefe Steine. Sind das die berühmten „Ogham Stones" mit den lateinischen Inschriften (der 3. Earl ließ sie von Kerry herbeischaffen)? Oder die Grabstätte der Quinns? – „Kudo" entziffert der Lebensgefährte. „Kudo 1937–1950". Und „Jock" (*died December 1939*).

Es ist der Hunde-Friedhof der Dunravens. Und gerade, als ich vor dem bedauernswerten Kudo stehe, reißt der Regenhimmel auf, Silber fließt auf die Wiesen, Gold auf die Blätter.

Wir sind angekommen im Land des Regenbogens. Irgendwo zwischen Wolkenbergen und Sonnenschein.

„Ich würde das den irischen Virus nennen", sagt der Lebensgefährte trocken und schüttelt sich die Regentropfen von der Jacke. „Jetzt hat er auch uns."

Unter den neugotischen Spitzbögen wird eine leichte, moderne Küche serviert. Zum Beispiel Lammfilet mit Datteln. Eine Entdeckung aber ist der irische Käse!

FÜNEN
FALSLED KRO

Ein schmucker dänischer Dorfkrug, in dem so gut gekocht wird wie in einem französischen Feinschmecker-Restaurant. - Gibt es das? - Auf Fünen, der Heimat von Hans Christian Andersen, werden noch ganz andere Märchen wahr. Das über vierhundert Jahre alte „Falsled Kro" steckt voller Geschichten und Kostbarkeiten, Gemälde und Sammlerstücke. Nur ein paar Schritte vom Garten entfernt liegt der alte Falsled Hafen. Heute machen da keine Schmuggler mehr fest, sondern ziehen die Sportsegler sich nach dem Ankern schnell einen Blazer über. In Falsled bleibt die Kombüse geschlossen: Auf in den Kro.

In diesem Bett hätte vermutlich auch die „Prinzessin auf der Erbse" gut geruht – mit Schokoladen-Mousse auf der Zunge.

FALSLED KRO

Es war einmal ein Mann, der hatte alles, was sein Herz begehrte. Eine schöne Frau, sechs Kinder und ein prächtiges Schloß.

Das Schloß lag auf der Ostsee-Insel Fünen zwischen Hügeln, Feldern und Wäldern, mitten in einem großen Park. Enten schwammen auf einem schimmernden Teich. Wachteln saßen auf den alten Buchen. Fasanen stolzierten im Gras. Morgens kam salziger Wind vom Meer. Abends legte die Sonne Gold und Silber auf die Wellen. Was, fragte sich der Mann, könnte mir noch fehlen zu meinem Glück? –

"Ein anständiger Gasthof", sagte seine schöne Frau. „Oder kennst Du auf dieser Insel etwa eine Adresse, wo man gut Fisch essen kann?" Wie Schuppen fiel es dem Mann da von den Augen. Wahrlich, es fehlte ein Restaurant.

In der Nähe, direkt an der Küste, lag nur der Dorfkrug von Falsled. In seinen windschiefen Mauern hatten Seeleute seit dem 15. Jahrhundert bei Flaute über der Ostsee gesoffen, was das Zeug hielt, im flackernden Licht rußiger Funzeln Schmuggelware verschoben und Seemannsgarn gesponnen, bis sich die Balken bogen. Im Märchenerzählen war man auf der Heimatinsel von Hans Christian Andersen schon immer gut.

Etwas feiner wurde der Gasthof im 18. Jahrhundert, als Christian IV. eine „Königliche Schankerlaubnis" erteilte, aber wirklich König waren die Gäste im „Falsled Kro" eigentlich nie. Noch in den sechziger Jahren kam auf fünfundzwanzig Betten eine Dusche. Besser als gar nichts, möchte man meinen, aber tatsächlich ließ der Gastwirt im Ernstfall nur Engländer duschen. Dänen und Deutsche durften nicht.

Der Mann aus dem Schloß hatte in seinem Leben schon viel angepackt. Unter seinen Händen gedieh alles zum Guten. So kaufte er den Kro. Und suchte einen französischen Koch mit nordischen Neigungen.

Gibt es sowas überhaupt? Er fand Jean-Louis Lieffroy. Der hatte große Küche im Château d'Artigny an der Loire gelernt und sich dann in eine blonde Dänin namens Ellen verliebt. Voilà. Ein neues Märchen begann: Die ehemalige Schmugglerpinte wurde zum schmucken Landhotel, das häßliche Entlein zum Schwan.

Jean-Louis zauberte in der Küche. Der Mann aus dem Schloß schaffte die Zutaten herbei. Schwarze Johannisbeeren, Himbeeren, Gemüse aus der eigenen Landwirtschaft, Lachs aus Skagen. Steinbutt vom Belt. Austern aus der Bretagne. Große Weine direkt von französischen Winzern. Und weil alles, was der Mann anfaßte, sich in Gold verwandelte, wurde er alsbald zum größten Austern- und wichtigsten Weinimporteur Dänemarks.

Und das soll alles wahr sein? Oder kommt gleich eine Hexe aus dem Räucherofen? Und sitzen Hunde mit tellergroßen Augen vor Jean-Louis Kupfertöpfen?

Der Abend war stürmisch im „Falsled Kro". Gewitter waren aufgezogen. Hagel drückte die Strandrosen nieder. Und so drängten sich wettergebräunte Segler und festlich gestimmte Paare beim Apéritif vor dem wärmenden Kamin, unablässig hartgekochte Wachteleier pulend. Es war wie im Wohnzimmer bei Freunden.

Das Restaurant hat zwei schöne Aussichten. Direkt in die offene Küche hinein,

In der knarrigen Gaststube feiern die feinen Leute von Fünen ihre Familienfeste. Die Tische sind festlich gedeckt und Jean-Louis kocht märchenhaft.

wo Jean-Louis, (inzwischen Teilhaber am „Falsled Kro") mit seiner Brigade arbeitet. Oder man schaut von der Glasveranda weit auf die Ostsee hinaus. Da schaukeln hinter mächtigen Baumstämmen die Masten der Segelschiffe. Wie Mikadostifte sehen sie aus.

Der Lachs, den Jean-Louis noch am Fangtag ganze 36 Stunden in den Rauch hängt, war mild aber vielleicht einen Hauch zu trocken. Die ganze Reise wert aber waren die Entenleber auf Mais und wildem Reis und die pochierten und mit einer Farce gefüllten Wachtelkeulchen. Kenner kommen im Herbst: Wenn das frische Wild nach den großen Jagden der Herrenhäuser von Südfünen in Jean-Louis Küche angeliefert wird – natürlich ungerupft.

Mein Bett stand in einem, laut Prospekt „entzückend kleinen Einzelzimmer mit Zugang zum Innengarten". Ich würde es „Kutscherzimmer" nennen. Beim Umziehen mußte ich die Vorhänge zuziehen, weil die Kaffeegäste aus dem entzückenden Innengarten in meine Stube lugten. Oder lag etwa eine Erbse unter der Matratze?

Voller Märchenzauber ist die Umgebung. Wogende Kornfelder links und rechts der Straße, rostrote Bauernkaten oder winzigblaue Fischerhäuser mit Stockrosen vor den Fenstern, so unwirklich niedlich, daß man meint, in ein besonders hübsch ausgestattetes Freilichtmuseum geraten zu sein. „Es war so herrlich auf dem Land...", hat Hans Christian Andersen über seine Insel geschrieben, „das Heu war unten auf den Wiesen zu Schobern aufgeschichtet. Dazwischen stolzierte der Storch auf seinen langen roten Beinen und sprach ägyptisch. Das hatte er von seiner Mutter gelernt..."

Heute weiß man freilich, daß den verschmitzten Märchenerzähler weit mehr böse Feen plagten, als er vor sich selber zugeben wollte. Er war dünnhäutig wie seine Märchen-Prinzessinnen, sein Tagebuch liest sich streckenweise wie ein Krankenjournal.

„Reisen ist Leben" schrieb er, obwohl er Hunde und Zugluft haßte wie die Pest und nie ohne Seil im Koffer aufbrach, aus Angst ihn könne ein Feuer im 1. Stock eines Gasthofs überraschen. Er verzehrte sich nach einer Frau (aber es führte nie zu was!), er sehnte sich nach einem eigenen Heim, aber verbrachte stattdessen sein halbes Leben auf Schlössern – in den Gästezimmern reicher Gönner, ein kauziger Onkel für die Kinder, ein Hofnarr beim Diner.

Was ist Dichtung? Was Wahrheit? Unser Schloßherr und Besitzer des Kro wohnt in einem Anwesen voller Kamin-Herrlichkeit, Barockmöbel und moderner Kunst.

Dem Koch Jean-Louis zuliebe züchtet er jetzt auch noch Wachteln auf seinem Schloß und stellt nach altem fünischen Rezept einen wahrhaft märchenhaften Käse her (Frischkäse auf Stroh geraucht).

Das alles habe sich eben so ergeben, sagt der Schloßherr und ehemalige Industrielle Swen Gronlykke bescheiden (inzwischen auch Besitzer des Kopenhagener Spitzenrestaurants „Kong Hans"). Es habe sich genauso ergeben wie die kleine Schokoladenfabrik, die nun besondere Marzipan-Leckereien produziert. „Summerbird" heißen die kleinen süßen Happen – von Swen Gronlykke im Glück.

Eine Umgebung voller Feenzauber. Die Schlösser und Parks mit ihren Hortensien-Hecken das war Andersens Welt: „Grün ist gut für die Augen".

HASSELT
SCHOLTESHOF

Nun wissen wir, warum sich auf den Stilleben der belgischen Meister vor Überfluß und Pracht die Tische biegen. Die Pieter Breughels oder Frans Snijders waren vermutlich alle schon mal im Dorf Steevoort bei Hasselt, eine in jeder Hinsicht außergewöhnliche Adresse. Dort verwöhnt Roger Souvereyns, einer der besten Köche Belgiens, Genießer aus aller Welt – mit seiner barokken Lebenslust, Detailfreude, Sammelwut. Im 18. Jahrhundert war das Hotel noch ein vornehmes Bauernhaus, später wurde daraus die Amtswohnung des Dorfschulzen, die „Scholteswinning": heute „Scholteshof"!

Buchsbäume, rund wie Igel oder zu Spiralen gezwirbelt, sind zum Wahrzeichen des „Scholteshof" geworden. Und natürlich: die kultiviert gedeckte Tafel.

SCHOLTESHOF

Daß man in Brüssel genausogut essen kann wie in Paris, haben wir schon erlebt. Die Belgier sind gewaltige Schlemmer. Aber was sollen wir hier in Flandern, mitten auf dem platten Land?

Schon über eine halbe Stunde fährt der Wagen auf der nassen Autobahn in Richtung Hasselt. Links und rechts nebelgraue Felder, manchmal ein paar regenschwere Pappeln, ein müdes verschlafenes Dorf. Am liebsten würden wir wieder umkehren in die warme, lebenslustige Stadt und Austern schlürfen in unserem Lieblingslokal. Stattdessen müssen wir in das Dorf Steevoort bei Hasselt. Kennen Sie Steevoort? – Sehen Sie, wir auch nicht! Wer fährt da schon freiwillig hin.

„Scholteshof". Die ersten Schilder. Es soll ein Landhotel der Luxusklasse sein. Buchsbäumchen vor der Tür, festliche Beleuchtung. Es ist Sonntagnachmittag und das Mädchen an der Rezeption völlig überlastet. Abreisen, Anreisen, Telefon, sie hat den Überblick längst verloren. So dauert es auch ziemlich lange, bis wir erfahren, daß unser Zimmer trotz exakter Anmeldung um 15 Uhr noch nicht aufgeräumt ist.

Grollend verziehen wir uns eine halbe Stunde später auf ein ungelüftetes Zimmer. Draußen zieht der flämische Landregen weiter Fäden. Noch lieben wir Steevoort nicht.

Eine Stunde später weckt uns ein süßer Duft. Wir schnuppern. Ist es Brot? Oder Kuchen? Der Duft weckt alle Lebensgeister. Und beim Abendessen wissen wir es dann: Es ist der Geruch von frischen Brioches.

Andächtig sitzen wir am Tisch und trauen unseren Augen nicht. Wohin soll man zuerst schauen? Soviel kostbares Silber, so viele Kerzen, Körbe, Kupferkessel, so viele edle Bücher, Keramiktöpfe, Gläser, Gestekke, Sträuße ... Anscheinend sind wir mitten in ein flämisches Stilleben hineingeraten, ein Stilleben voll barocker Fülle und breughelscher Pracht. Dazu fröhliche, festlich tafelnde Menschen und der Blick in eine offene Landhausküche: Junge Köche hantieren dort ruhig und versiert vor einem Herd aus dem 19. Jahrhundert. Gemütlichkeit, Sinnenfreude liegt über dem Raum.

Hier möchte – und kann man genießen. Die Küche, bereits mit zwei Michelin-Sternen gekrönt, ist schon allein die Reise wert in die Limburger Provinz, für unsere Vorspeise kämen wir sogar zu Fuß: Scheiben von Jakobsmuscheln, Trüffeln und gegrillten Kartoffeln, abwechselnd geschichtet und gewürzt mit Trüffelöl und Kräutern.

All dies ist natürlich das Werk von Roger Souvereyns, Herz und Seele des Hauses. „Meine Mutter brachte mir Sinn und Liebe für eine ehrliche und ländlich-gutbürgerliche Küche ohne Schnörkel bei, für handfeste und schmackhafte Gerichte, den Jahreszeiten angepaßt. Im Sommer gab es die Früchte vom Feld und aus dem Garten. Es wurde geerntet und fleißig eingemacht. Vor dem Winter wurde geschlachtet, und so lebten wir monatelang von den ordentlich im Keller aufgereihten Einmachgläsern, prall gefüllt mit Bohnen und Spargel, Mirabellen und Sülze – der Stolz meiner organisierenden Mutter."

Der belgische Starkoch ist nur ein paar Kilometer weiter in Hasselt geboren und führt den „Scholteshof" seit acht Jahren, es ist sein sechstes Restaurant. Der Garten mit Orangerie und kostbaren Buchsbäumen, die Salons voller Antiquitäten sind sein Hobby. Einmal im Monat fliegt er nach London, um einzukaufen, vom Gobelin bis zum Hummer aus Elfenbein.

Und alles, ob Barockspiegel oder selbsteingemachtes Quittengelee, ob flämisches Gemälde oder Pflaumenmus, können die Gäste kaufen. Das ganze Haus ist eine Boutique für die schönen Dinge des Lebens.

Das Hotel läuft bei dieser Fülle von Aktivitäten eher nebenher. Die Zimmer sind luxuriös, traumhaft und romantisch für

Alte Kelims, Bücher, Vogelbauer – verspielte Accessoires sind überall. Die kauft Roger Souvereyns in London – vom Gobelin bis zum Hummer aus Elfenbein.

eine Nacht, aber es herrscht nicht ganz dieselbe Perfektion wie im Restaurant.

Am nächsten Morgen hat ein kalter Wind die Regenwolken vertrieben, von den kerzengeraden kahlen Pappeln fallen silberne Tropfen, die Wiesen liegen satt und naß unter dem weiten wolkenzerrissenen Limburger Himmel.

Roger Souvereyns zeigt uns die Orangerie, in der sich Oleander- und Lorbeerbäume drängen und auf den Frühsommer warten, zeigt uns den Garten, der langsam aus dem Winterschlaf erwacht.

Krokusse stehen im Gras, und schon im März werden zwischen den Buchsbaumreihen Kerbel und Dill wachsen, Taubnessel, Estragon, Basilikum, Engelwurz, Minze und Rosmarin. Der Flame liebt den Vorfrühling. Für ihn ist er die anregendste Jahreszeit.

Seine Gäste schickt der kultivierte Roger zur alten Abtei Herkenrode, einem der reichsten Klöster der Niederlande. Im Bauernhof des prachtvollen Herkenroder Nonnenklosters macht die hübsche Aurelie Hermant – ohne Übertreibung! – den besten Ziegenkäse der Welt, formt frische kleine Bällchen und wälzt sie für den „Scholteshof" in Kräutern, Nüssen, Pistazien, Pinienkernen.

Und die Gäste fahren nach Alden Biesen, ehemaliger Sitz der Deutschordensritter, eine ganz und gar unglaubliche Anlage – mit mittelalterlicher Klosterburg, barocker Residenz und einem Wasserschloß der Renaissance.

Zum Abschied schenkt uns Roger Souvereyns eine Flasche Rotwein-Essig – „auch selbstgemacht!" Der gibt nun unseren Saucen und Kartoffelsuppen zu Hause einen unnachahmlich frischen Charakter.

Bevor die Flasche leer ist, das steht fest, fahren wir wieder nach Belgien. Am liebsten an Ostern, wenn Roger Souvereyns Eiermänner bäckt, Hefekerle, mit Ei vor dem Bauch, oder im Sommer, wenn der „Scholteshof" im Meer der blauen Lavendelblüten ertrinkt; im Herbst, wenn die Bäume rot vor Äpfeln sind, oder Weihnachten, wenn das Haus nach Hasselter Spekulatius duftet.

Aber vermutlich ist der Zeitpunkt ganz egal. Weil der „Scholteshof" kein Hotel ist. Sondern eine Lebenshaltung.

Wegen des berühmten „Blütensalats" des Sternekochs nehmen die Diplomaten und EG-Beamten aus Brüssel eine Stunde Anfahrt mit dem Auto gern in Kauf.

KARIBIK
PETIT ST. VINCENT

Diese Insel ist ein Witz. In unserem alten Schulatlas ist sie nicht eingezeichnet. Aber im Führer der besten Hotels der Welt steht sie dick und fett: „A privat Island for privat people". Selbst in der Karte „Karibik-Inseln" ist sie nur ein namenloser schwarzer Punkt, fliegendreckklein, irgendwo im blauen Nirgendwo. Aber es wäre ein großer Fehler, die kleine Insel zu übersehen. Denn hier können Sie einmal wirklich leben wie einst Robinson Crusoe – mit Room-Service, versteht sich.

Endlich einsam sein. Und sich streicheln lassen vom schönsten Badewasser der Welt. Am Abend aber sind im Haupthaus die Tische fein gedeckt und glitzern mit den Sternen um die Wette.

PETIT ST. VINCENT

Das merkwürdige Eiland, über das wir berichten wollen, heißt Petit St. Vincent und wurde, genau genommen, zwei Mal entdeckt. Das erste mal von Columbus, der mit seinem Segelschiff auf Entdeckungsfahrt war und, als er die smaragdgrünen Inseln im tintenblauen Wasser sah, sich fälschlicherweise in Westindien wähnte.

Das zweite Mal vom Charterkapitän Haze Richardson, der gut betuchte Landsleute zwischen den „West Indies", wie sie immer noch heißen, auf seiner Segelyacht hin und her schipperte: Also von Mustique, wo Princess Margaret sich tropische Träume leistet, bis nach Bequia, wo die Walfänger wohnen, von den Tobago Keys, wo sich die schillerndsten Fische der Karibischen See in Korallengärten verstecken, bis nach Palm Island, wo die Yachties dieser Welt

regelmäßig Pause machen, weil der Rumpunsch dort am besten schmeckt. Islands in the sun.

Und immer wieder kam er an dieser winzigen Insel vorbei, einer Insel mit einem kleinen und einem großen Buckel, buschig bewaldet, strandumschlungen, kein Haus, kein Mensch, nur ein paar wilde Ziegen. – Und während auf Barbados die ersten dicken Charterflugzeuge landeten, und Jamaikas Strände zu Vergnügungsvierteln ausgebaut wurden, träumte Mr. Richardson seinen eigenen Ferientraum. Leben wie Robinson – aber mit Room-Service!

Vielleicht werden ja Träume in einer Erdenregion von so unwirklicher Schönheit eher wahr als in unseren sachlichen

Der Kellner rollt an im Mini-Car – mit einem Frühstück wie im Grand-Hotel. Gleich wird er nach den Abendwünschen fragen und enttäuscht sein: Was, Sie nehmen schon wieder Hummer?

PETIT ST. VINCENT

In einer Stunde hat man die Insel zu Fuß umrundet.
Grün und sandumschlungen präsentiert sie sich den vorbeiziehenden
Yachten. Die einzigen Bewohner bis 1968 waren wilde Ziegen.

Breiten. Richardsons vermögendster Chartergast, ein Papierfabrikant aus Cincinnati, erwärmte sich für die Urlaubsidee – und kaufte dies bißchen Land; samt Buckel, Buschwerk, wilden Ziegen.

Wahrscheinlich hätte das „Petit St. Vincent Resort" heute nur halb soviel Charme, wäre es von einer Entwicklungsgesellschaft konzipiert worden und nicht von dem verrückten widerborstigen Mr. Richardson.

Mit der Machete schlug er sich selber den Weg, baute mit eigenen Händen das erste Haus in der Wildnis, experimentierte mit Hölzern, Steinen, Grundrissen. Wie muß ein Inselhaus beschaffen sein, damit der karibische Passat wie eine Klima-Anlage Kühlung fächelt? Welche Hölzer vertragen am besten Salz und Nässe?

Monatelang schlief er nachts auf seiner Yacht und arbeitete tagsüber auf der Insel. Bis zuletzt fand er keine Süßwasser-Quelle. Aber die schönsten Bauplätze der Welt – für ein Haupthaus und 22 Bungalows.

Ein Segelfreund mit Ingenieurausbildung baute ihm eine Entsalzungsanlage; ein Architekt, der zufällig mit dem Boot vorbeikam, half beim Planen (es war der Schwede Siw Malkolm, der heute auf Mustique die Villen der Reichen baut). Das war Anfang 1968.

Zwanzig Jahre später sind wir Gast im Inselreich; sind nach dem Langstreckenflug Hamburg – London – Barbados dortselbst in ein überraschend kleines Flugzeug gestiegen und auf Union Island neben einer überraschend kleinen Wellblechhütte gelandet; sind dann in ein schnittiges Boot eingestiegen und nach einer weiteren halben Stunde Fahrt auf Petit St.Vincent angekommen. – So einfach ist das.

Und alles ist schöner, bunter, leuchtender als auf den schönsten, buntesten, leuchtendsten Photos, und natürlich könnten wir jetzt über vorfabrizierte Traumbilder sinnieren, aber wir sinnieren überhaupt nicht, wir rennen an den Strand, dessen Sand so edel ist, daß man befürchten könnte, seine Körner seien zu fein, um eine Sanduhr ordnungsgemäß in Bewegung zu halten. Und wir laufen ins Meer, das vor unserem Bungalow so lauwarm wogt, als habe irgend jemand die Swimmingpool-Heizung zu großzügig hochgedreht.

Und wir tauchen ein in Schwärme von Fischen: Ganz bedächtige, im strengen

Dem Zimmerservice verdankt das Hotel seinen guten Ruf. Der Gast hißt einfach eine gelbe Fahne vor dem Haus und schon fährt der Service an (Rote Fahne heißt: Bitte nicht stören!).

Nadelstreifenanzug, lustigblaue, verwirrend grünirisierende Fische, kleine, flinke, die wie zu springen scheinen, lange, schmale Fische, die still lauernd im Wasser stehen, als hätten sie gar keine Flossen.

Die Kunst des Nichtstuns lernt der Gast auf Petit St. Vincent am ersten Tag. Er wird verwöhnt vom *Early Morning Tea* um acht bis zum letzten Rum Punch in der Nacht. Das Hotelpersonal ist freundlich, hilfsbereit (ungewöhnlich in der Karibik) und flitzt mit Mini-Cars herbei – der Gast muß im Garten nur eine gelbe Fahne hissen und seine Wünsche notieren, die Mail-Box aus Bambus wird alle halbe Stunde geleert.

Denn Telephon gibt es in den Bungalows nicht. Auch keine Fernsehapparate oder laute Nachbarn.

Dafür hält das tiefschwarze Meer in der Nacht Milliarden winziger Planktons bereit, die sich wie Goldstaub auf die Körper der Badenden legen. In diesen Stunden sehen die schwarzen Palmenwipfel am Strand wie Scherenschnitte aus. Und der Mond ist ganz dünn und liegt auf dem Rücken.

Petit St. Vincent ist ein Paradies ohne Schlangen. Eidechsen huschen unter Hibiskussträuchern, Weihnachtssterne blühen, Nachtkerzen, Mango- und Flamboyant-Bäume. Immer mehr Vögel kommen auf die Insel, Mr. Richardson weiß selber nicht woher, sogar Kolibris mit grünem Bauch.

Immer mehr Gäste kämpfen um einen Bungalow. Amerikaner, die Geld und Brillanten am ersten Tag im Safe abgeben und dann bei geöffneten Türen schlafen, selig und sicher wie nie – mit Meeresrauschen als Tranquilizer. Und immer mehr Italiener, Engländer, Deutsche klopfen bei Mr. Richardson an, aber mehr als fünfzig Gäste bringt er nicht unter.

Wir treffen ihn mitten in seinem Reich. Mr. Richardson, Insel-Besitzer. Als der reiche Kompagnon aus Cincinnatti starb, nützte er sein Vorkaufsrecht. Und was erzählt der Mann? Von Problemen mit Generatoren und Süßwasseraufbereitungs-Anlagen, von klemmenden Glastüren und Gemüsebeschaffungsschwierigkeiten.

An der Wand über seinem papierüberhäuften Schreibtisch hängt ein Bild von einem Schiff, seinem Segelschiff, auf dem vor zwanzig Jahren alles begann.

Nun leben seine Gäste wie Robinson – mit Room-Service. Und er hat die Arbeit.

Aus der Traum.

Die Materialien der Bungalows am Strand sind einfach. Holz, Naturstein, Glas. Die Rattanmöbel in den Zimmern haben die Farben von Muscheln und hellem Sand.

NEW YORK
FOUR SEASONS

Eigentlich ist in Manhattan immer ein bißchen Weihnachten. Soviel Lichtgefunkel und Nachtgeglitzer; soviel Aufregung, Fülle, Luxus, Freude und Überraschung. Da müssen gar keine Schneeflocken auf die Kutschen im Central Park fallen oder Nikoläuse auf der Straße klingeln. In Manhattan macht man bei jedem Besuch aufs Neue große Augen. Und staunt wie ein Kind. – Wer's nicht glaubt, muß nur in die Lobby des „Four Seasons Hotel“ an der 57. Straße zwischen Park und Madison Avenue gehen, dort hört das Staunen nämlich gar nicht mehr auf.

*Das Hotel-Foyer trumpft auf mit kühler Wucht.
Die Zimmer aber sind sanft und entspannend, der richtige
Rahmen für den Ausblick auf die pulsierende Stadt …*

FOUR SEASONS

Ein sieben Meter hoher Eingang; ein paar Treppen ... Dann öffnet sich eine Halle, in der Ramses II, ohne sich zu schämen, bequem seinen Hofstaat hätte unterbringen können. Wie ein Tempel wirkt dieses drei Stockwerk hohe „Grand Foyer". Schlicht, edel und imposant – ein Monument der postmodernen Klassik.

Angesichts des Check-in-desks, das erhaben am Ende der Eingangstreppe thront, fragte sich ein New Yorker Kollege erschrocken: „Werden diese Leute mich jetzt begrüßen oder über mich Gericht halten?"

Die ganze verwöhnte nölige New Yorker Presse war bei der Eröffnung im Sommer 1993 einfach baff. Seit Jahrzehnten ist über ein Hotel nicht soviel geschrieben worden wie über dieses „Four Seasons", und das ist auch kein Wunder, denn die Investoren haben genau eine Million Dollar pro Zimmer aufgewendet. Das ist selbst in New York enorm. Und dann das!

Das ist kein Hotel, das ist ja ein Mausoleum, gifteten die Kollegen und fanden die entsetzlichsten Vokabeln: „uncosy in the extreme" sei dieses Haus, „ice-cold elegant", „ultimately cold".

„Es ist so weit weg von warm und kuschelig, wie ein Hotel nur sein kann", seufzte Paul Goldberger in der „New York Times". Um hinzuzufügen: „I like it anyway."

Tatsächlich liebten sie es alle sofort. „Ja, ja, ich weiß", schimpfte gerade ein Bar-Tester in der „Times", „es ist extrem ungemütlich, niemand wird es cosy nennen, aber sie müssen dort an der Bar Champagner getrunken haben (von „Louis Roederer bis Piper Sonoma"), wirklich: sie müssen!"

Die Rechnung des alten Mandarins ist aufgegangen. Denn Manhattan verdankt diesen neuen gigantischen „Public Place" dem weisen Baumeister Ieoh Ming Pei, dem legendären amerikanisch-chinesischen Architekten, der noch Anfang der vierziger Jahre bei Bauhausgründer Walter Gropius an der Harvard University studiert – und von diesem eine tiefe Bewunderung für den Preußen Karl Friedrich Schinkel (1781 bis 1841) übernommen hat. Einmal mit Leben erfüllt, verlor der Turm sein Kühlschrank-Image; mit seinen Art déco-Details und Kunst von Le Corbusier, Magritte, Kandinsky... erinnert er die New Yorker heute eher an das würdige alte „Waldorf Astoria", an die Atmosphäre der zwanziger, dreißiger Jahre. Ein spät verwirklichter Traum von einem Grand Hotel der Jahrhundertwende.

Dabei ist der höchste Hotelturm Manhattans mit seinen gerade 370 Zimmern für amerikanische Maßstäbe kein wirklich großes Hotel, der Turm ist schmal, eng zwischen zwei bestehende Gebäude gepreßt, das vierstöckige Fundament füllt die gesamte Fläche zwischen der 57. und 58. Straße. Dann verjüngt sich der 208 Meter in den Himmel aufragende Wolkenkratzer mit seinen 52 Etagen wie eine Pyramide. Oben ist nur noch Platz für die 280 Quadratmeter große Präsidential-Suite.

Wir waren bereits ein paarmal da. Der erste Besuch war im November '95, zur James-Bond-Weltpremiere in der benachbarten „Carnegie Hall": Da brummte die ganze Halle. Der zweite Besuch im Mai '96 zur Versteigerung von Jackie Kennedys Nachlaß, der letzte zur „Art of Motorcycle" im Guggenheim Museum im Juni '98: Und jedes Mal summte und hummelte es noch viel mehr.

Inzwischen laden nämlich auch die arrogantesten New Yorker, die anfangs noch versuchten, das Hotel zu meiden (zu jung, zuviel Hollywood-Größen, zu viel neues Geld) reumütig zum Lunch ins „Fifty Seven Fifty Seven Restaurant": fast acht Meter hoch, ein eleganter Wartesaal, mit Boden aus Ahornholz. Kassettendecken aus dänischer Buche, Bronze-Kronleuchter mit Onyx-Verzierungen – und Blick auf die 58. Straße.

Oder zum Drink an „The Bar" (zum Beispiel „James Bond Vodka Martini – gerührt, nicht geschüttelt") – beides absolute In-Treffs. Den ganzen Tag treffen sich hier Einheimische und Touristen, Geschäftsleute, Einkaufsbummler, Museumsbesucher.

Und ganz sicher, spottete ein frecher New Yorker, kann man dort Europäer begucken, die Europäer begucken, die aussehen wie „ultra stylish New Yorkers".

Das ist gemein. Außer dem Schwarm modischer Italienerinnen traf ich dort

Erinnerungen an die Eleganz eines „Waldorf Astoria": Kosmopolitisch, nicht kuschelig soll es sein. Die Champagner-Bar ist schon heute einer der großen New Yorker Treffs.

auch schon Paloma Picasso, ganz schmal und zierlich an ihren „Organic Baby Greens“ nagend; oder Jackys dünne Schwester Lee Radziwill (Pei baute 1964 auch die Kennedy Bibliothek in Boston) eine „Creamless Tomato Soup“ löffelnd.

Küchenchefs des „Four Seasons“ verwöhnen die hypochondrischen New Yorker mit Speisen, in denen Fett, Salz und Cholesterol nur als Spurenelemente vorkommen, würzen mit Kräutern, binden mit Gemüsesäften – und, erstaunlich genug: Die Gesundheitsküche schmeckt!

Das Hotel wäre freilich nicht so erfolgreich, böte es nur Halle und Restaurants, Getriebe und Grandeur. Die Fahrstühle entführen in eine ganz andere Welt, intim, behaglich, ruhig und gediegen. Die Zimmer sind für mich die schönsten, die ich je in einem City-Hotel sah, in sanftem Karamel oder Zartgrün.

Die Innenarchitekten Chhada, Siembieda & Partners (richteten auch das „Refael“ in München ein) haben perfekte Arbeit geliefert, vom Salon (mit ovalem Schreibtisch) über den Ankleidebereich (mit lederbezogener Kofferablage) bis zum Bad – ein marmorner Traum.

Dazu der Room-Service, wie in allen „Four Seasons“, nach wie vor der beste der Welt (mit „Lemon Ricotta Pancakes“ zum Frühstück oder à la Japan mit Lachs, Miso-Suppe, grünem Tee ...). Gestört in diesem wunderbaren Haus hat mich eigentlich nur, daß von den Zimmern (einige haben sogar Balkone) kein Fahrstuhl direkt ins Fitness Center führt. Der Gast muß in der Lobby einen Extra-Fahrstuhl benutzen, also verschämt im Bademantel, zwischen Koffern und angekommenen Gästen an der Rezeption vorbeihuschen – nicht besonders angenehm.

Das Fitness-Studio selber ist klein aber mit Sorgfalt ausgestattet, die jungen Leute, die dort Masseure und Trainer spielen, haben mir jedoch wenig imponiert. Da sind die anderen Luxushotels in New York weiter.

Das erste Mal kam ich spät abends an, das Gepäck war auf irgendeinem Flughafen hängengeblieben, ich fuhr sofort aufs Zimmer im 44. Stock. Alle Vorhänge waren zu, die Betten schon aufgedeckt. Eher spielerisch drückte ich neben dem Nachttisch auf einen Knopf. Da öffneten sich mit leisem Brummen die schweren apricotfarbenen Seidenvorhänge, teilten sich ganz langsam – und es zeigte sich Magic Manhattan: strahlend und filigran, funkelnde Leuchtkerzen, Hochhäuser im Christbaumschmuck, behängt mit Lichterketten, geschmückt wie mit Juwelen. Und ich war mittendrin in dieser Zauberwelt.

Zuerst wird man andächtig. Dann süchtig. Nach dem ganz frühen Morgen, wenn die Sonne wie eine große Orange über dem Hudson River steht; nach dem Gefunkel in der Nacht, den wogenden Dinner-Partys auf den Terrassen der benachbarten Penthäuser – ich sah im Licht sogar die weißen Handschuhe der Butler, die blitzenden Ketten an den Hälsen der Damen. Dazu, als Nachtschmuck, das strahlende Sony Building, die Park Avenue Pyramide, die silberne Spitze des Chrysler-Turms... Da brauchte es gar keine Einkaufsorgien in der 57. Straße zwischen „Prada“ und dem „Rizzoli Bookstore“, kein Window-Shopping zwischen „Tiffany“ und „Bergedorf Goodman“: In diesem Turm einschlafen und aufwachen zu dürfen, auf Du und Du mit den Wolkenkratzer-Spitzen, das ist wie Weihnachten. Das ist ein großes Geschenk.

Popstar Michael Jackson genoß das Bad mit Aussicht vier Wochen lang – hoffentlich zum Spezialtarif. Die „Präsidental Suite“ kostet nämlich 7000 Dollar – pro Nacht.

SAN DIEGO
RANCHO VALENCIA

Im Hügelland hinter San Diego, wo sich ungezählte Millionärsvillen um ungezählte Golfplätze gruppieren, haben wir ein sehr feines und sehr sportliches Haus entdeckt: die „Rancho Valencia". Luxus im Stil von Santa Fe. Hier sollten Sie möglichst weder Churchill-Anhänger („no sports") noch Kettenraucher sein. Um sie herum nichts als durchtrainierte Menschen, die mit dem Tennisschläger in der Hand unerbittlich gegen Mittelmaß und Verzagtheit kämpfen. Da man sowieso alles hat, zählt hier allein die jeweilige Tagesform.

In den „Casitas", den Gästehäusern, wird die spanische Vergangenheit wieder lebendig. Über den Terrassen aber liegt mediterraner Charme.

RANCHO VALENCIA

Es war bei einem eleganten Mittagessen in Hamburgs „Vier Jahreszeiten". Der damalige Direktor, Gert Prantner, hatte Kollegen, Kenner und Genießer eingeladen, viele würdige Herren am Tisch. Trinken wir auf die Tradition dieses Hauses, sagte mein graumelierter Nachbar aufgeräumt und erhob sein Glas auf die große deutsche Hotel-Kultur.

Natürlich habe ich mitgetrunken. Draußen schien die Sonne, die Alster glitzerte wie ein Juwel, und da vergaß man gerne, daß Hotels mit Kultur in Deutschland rar sind. Und selbst das renommierte Flaggschiff „Vier Jahreszeiten" einer ungewissen Zukunft entgegen fuhr.

„Vergessen Sie den Service nicht!", sagte der hanseatische Tischnachbar nun schon ein bißchen streng. Ist dieser Service nicht einzigartig?

Im „Bel Air" in Los Angeles ist er zum Beispiel nicht schlechter, sagte ich, im Gegenteil …

In Amerika …? Mein Hamburger Gesprächspartner richtete sich auf. „Das müssen Sie mit Asien verwechseln. Was haben die Amerikaner denn außer diesen Ket-

Das Holz für Balken und Säulen wurde extra aus Colorado angeschippert. Zu jedem Zimmer gehört ein gemauerter Kamin und eine Bar – mit Kaffee-Maschine.

Der Designer Hank Milam richtete ein, wie verwöhnte Amerikaner es mögen, lässig und edel. Inspirieren ließ er sich vom nahen Santa Fe. Viel schöne Korbmöbel und alte Kacheln im Foyer.

ten- und Massenhotels?" – Alles was das Herz begehrt, lieber Nachbar. Die verrücktesten Luxushotels in den großen Metropolen; und die verträumtesten Resorts in ländlicher Abgeschiedenheit. Hätte man Geld und Muße genug, man könnte von einem Kleinod ins andere fallen, wochenlang, vom kargsten Arizona (da liegt das bizarre „Boulders") über Dallas, Texas (dort ist das elegante „The Mansion on Turtle Creek") bis nach Carmel in Kalifornien (zum Beispiel ins feine „Stonepine").

Und immer neue, noch schöner ausgestattete Country-Refugien wachsen aus dem Boden – als gebe es in den Vereinigten Staaten nichts als glückliche Golfspieler und reiselustige Genießer.

Eines dieser neuen, verschwenderisch ausgestatteten Resorts haben wir in der Hügellandschaft von San Diego entdeckt, wo das Licht schon an das Gold von Mexico erinnert: Die „Rancho Valencia", eine Luxusoase über dem San Dieguito Valley.

„Und sicher mit goldenen Schwänen als Wasserhähne", frohlockte mein Tischnachbar. „Wird abends wenigstens der Springbrunnen pinkfarben angestrahlt?"

Seltsam, daß so viele Geschäftsleute ihre Amerika-Erfahrung offensichtlich in Las Vegas sammeln. Wie sonst käme es zu diesen Vorurteilen? – Die „Rancho Valencia" ist jedenfalls ein Beispiel dafür, wie geschickt die Kalifornier toskanische, provençalische und spanische Einflüsse mischen. In den Gästehäusern der Ranch, den „Casitas", spürt man die farbenfrohe Nähe von Santa Fe. Im Haupthaus, mit seinen Innenhöfen und großen Salons, etwas von der Würde der großen alten Haciendas.

Bauunternehmer und Eigner Harry Collings hatte ziemlich genaue Vorstellungen im Kopf, als er vor etwa zehn Jahren den Grund für Golfplatz, Privatvillen und ein Hotel kaufte. Ihm schwebte für die Ranch eine Verbindung von dem elegant-südlichen „Bel-Air"-Hotel in Los Angeles und dem rustikalen Charme der „Auberge du Soleil" im Napa-Valley vor. In jedem Fall sollte es außergewöhnlich sein; denn Collins plante sein Projekt in einer Landschaft, in der sich gemeinhin vor allem vom Schicksal gesegnete Menschen zusammenfinden. „Happy Few" möchte man sie gar nicht nennen, dazu sind es einfach zu viele.

Ein Traum in Terracotta ist die von dem Architekten Jim Morton gestaltete Hotel-Auffahrt. Die Lampen wurden alten Vorbildern aus Guadalajara nachempfunden.

Die Armen haben in den Marinas ja kaum noch Platz für ihre Yachten.

Morgens drängen sie sich in den edlen Boutiquen und Delikatessenläden von Del Mar; mittags liegen sie an den langen Stränden von La Jolla oder Solona Beach oder überstehen den Tag auf einem der ungezählten Golfplätze, am besten im „Rancho Santa Fe Golf Club" oder auf dem „Whispering Palms Golf Course", oder, noch besser: im „Fairbanks Ranch Country Club".

Der Name Douglas Fairbanks hat in diesem Land der Sonne und Sieger noch immer einen großen Klang. Fairbanks, der Stummfilmstar, Erfinder der Mantel- und Degenfilme, unser Dieb von Bagdad, Zorro, Robin Hood und der Schwarze Pirat wurde zum Vorbild für alle Kinohelden – von Errol Flynn bis Belmondo und Delon. Sein Land, die Fairbanks Ranch, ist heute ein „Estate", eine dieser Villenansiedlungen für Superreiche, die sich für ihren Hund und das mexikanische Personal ein Schloß mit fünfzig Zimmern bauen. Sie trifft man am Wochenende auf der Rennbahn („Del Mar Race Track"), beim „Rancho Santa Fe Polo Club" – und auf dem Croquet Platz der „Rancho Valencia". Wie der selige Douglas Fairbanks senior (der Junior war als Filmstar nicht weniger berühmt) kämpfen sie unerbittlich gegen Mittelmaß und Verzagtheit – und sei es auch nur mit dem Tennisschläger. Die Tagesform auf dem Golfplatz ist ihr Sieg oder ihre Niederlage.

Wir genossen auf der „Rancho Valencia" morgens das gleißende Licht über dem säulengeschmückten Pool. Den leichten Salat am Mittag in einem der blumengeschmückten Innenhöfe. Leider kocht Claude Segal nicht mehr im Restaurant. Dessen „Mille-feuilles von Schafskäse und Lachs mit karamelisierten Zwiebeln" waren den sportgestählten Menschen rundum dann vielleicht doch zuviel. Und aus dem französischen „La Tapenade" wurde ein gesundes amerikanisches „Rancho Valencia Restaurant." – Und wir liebten abends den weiten Blick über das San Dieguito Valley und die im Dämmerlicht hauchzarten grauen und rosa Hügelketten.

Und genau mit den *rolling hills of Rancho Santa Fe* im Blick trinken wir einen Schluck Champagner auf die große amerikanische Hotelkultur.

Das Lieblingswort der Amerikaner heißt zwar „relax", aber dennoch rackern sie sich gerne ab. Ganze 18 Tennisplätze stehen für Gäste bereit.

LOS ANGELES
BEL-AIR

Ausgerechnet im schrillen Los Angeles, der Stadt des schnellen Geldes und des schönen Scheins, der Stadt der sozialen Gegensätze und der Gewalt, verbirgt sich eine Oase der Ruhe und der Harmonie: das „Bel Air", Hollywoods gute Stube und eines der schönsten Hotels der Welt. Hochzeiten und Premieren, Kindstaufen, und Scheidungen, all das haben große Stars hier gefeiert, Marylin Monroe und Greta Garbo, Gary Grant und Gregory Peck, Joan Collins und Liz Taylor. Und wer war die schönste von allen? Grace Kelly. – Das sagt jeder, der sie kannte.

Türme und Patios erinnern an die spanische Vergangenheit. Diese Villa stammt noch aus den zwanziger Jahren, der Gründerzeit des Bel-Air-Viertels.

BEL-AIR

Wie feiert der *Hollywood Reporter* das schönste Luxushotel am Ort? Etwa mit der Schlagzeile: *Ein Platz für Honey-Mooner?* – Von wegen. Wir sind schließlich in Los Angeles.

Und darum zitiert die Zeitung, auch keine Flitterwöchner im Ehehimmel, sondern einen Psychiater aus Beverly Hills. Der rät allen Paaren, die sich scheiden lassen wollen (also der Mehrheit seiner Patienten): „Bevor Sie die Trennung offiziell verkünden, gehen Sie bitte zum Dinner ins *Bel-Air* – und bleiben Sie bis zum Frühstück."

Wieviel Ehepaare auf diese Weise Stammgäste geworden sind, wissen wir nicht. Aber wir können bestätigen: Nach einer Nacht im „Pink Château" sieht die Welt tatsächlich sehr viel rosiger aus. Dort reduzieren sich die großen Probleme nämlich zum Beispiel auf die Frage, ob man die Tortilla-Suppe nun im Bougainvilleaüberwucherten Restaurant oder nicht doch lieber im von Bananenstauden beschatteten Patio vor dem eigenen Zimmer einnehmen soll. (Und das Schöne daran ist: Egal wie man sich entscheidet – der Abend wird in jedem Fall ganz und gar unvergeßlich sein.)

Und das am Rande der Häuserwüste von Los Angeles? Unter der Smog-Glocke? Zwischen Highway-Schleifen? Über kaum eine Stadt liest man so viel Widersprüchliches wie über Los Angeles. Immer wird es an New York gemessen – wie ein herangewachsenes Kind an der älteren Schwester. Aber all die alten Witze – (Was ist der Unterschied zwischen L. A. und einem Becher Joghurt? – Der Joghurt hat eine aktive Kultur!) haben längst einen Drei-Jahres-Bart.

Los Angeles ist so anregend und aufregend wie New York, so sinnlich, farbenfroh und energiegeladen – und so voller sozialer Gegensätze, Kriminalität, Gewalt. Im Wohnviertel Bel-Air wird der Gast von alledem nicht berührt. In diesem Ghetto für höhere Lebensart wohnen Leute, die Gold in der Kehle oder wenigstens etwas Öl in Texas haben. Wer nur Schauspieler und/oder Politiker war, muß sich – wie einst Ronald Reagan – mit einem 2,5-Millionen-Dollar-Alterssitz zufriedengeben, noch nicht gerade ein Sozialfall, aber hart an der *Middle Class* von Beverly Hills vorbeigeschrappt.

Um im Bel-Air Bezirk mitzureden, muß man mindestens 15 Millionen Dollar auf

In dem Oval des Pools sind früher die Pferde der reichen Bel-Air-Residents getrabt. Erst seit 1941 gibt es hier Wasser zum Schwimmen.

den Tisch legen, darunter läuft nichts. Dann aber hat man wenigstens das Nötigste: Helikopter-Landeplatz und Health-Club. Und genau zwischen diesen privaten Backstein-Burgen vom Ausmaß des Lübecker Doms, den Kolonial-Schlössern im Stil von „Vom Winde verweht" und den Palästen, säulenumrankt, mit dem Charme des Alten Rom, verbirgt sich eines der liebenswürdigsten Hotels der Welt. Das „Bel-Air", wunderbar unprätentiös und eigentlich ganz und gar unamerikanisch: nichts als ein paar mediterrane Villen um einen Pool herum.

Es gibt keine Fahrstühle und keine Lobby mit Lüstern und Wasserfall, die Rezeption sieht eher wie ein Kaminzimmer aus, alles klein, fein und leise – am Rande der brodelnden Stadt. Eine Diva ohne Schminke hat die Zeitschrift *Travel und Leisure* das „Bel-Air" einmal genannt, aber für ein solches Bild ist das Haus viel zu perfekt. Sogar die Vögel scheinen Teil der Inszenierung dieses Paradieses zu sein, eines Garten Eden mit Schwanen-Teich und Palmen-Insel, Springbrunnen und Rhododendron-Wäldchen, Pavillons und Blumen-Rabatten.

Alles ist kostbar, gepflegt und, anders wäre es nicht das Bel-Air: in hellem Pastell. Pastell. Pastell. *Things are in balance* für die amerikanischen Gäste, wenn die Schwäne im Teich zufrieden ihre Kreise ziehen, die schneeweißen Wahrzeichen des Hotels in der Welt des schnellen Geldes und schönen Scheins (und Gütesiegel auf jedem Los Angeles Hochzeitsphoto). Fast jeden Sonntag posieren neue Brautpaare am Ufer, und daß dieses nicht immer ganz ohne Schnäbeln vonstatten ging, beweisen große Schilder: *Caution. Maintain clear distance from swans.*

Am Wochenende ist das „Bel-Air" das Wohnzimmer von Hollywood, Kinderfest im Garten, Geburtstagsessen im Restaurant. In der Woche aber liegt diskrete Ruhe über Hollywoods guter Stube, in die sich schon seit den vierziger Jahren all die Menschen zurückziehen, die *nicht* gesehen werden wollen (wer statt *privacy paparazzi* will, geht zu den *Pretty Women* ins „Regent Beverly Wilshire").

„Begrüßt habe ich sie alle", erinnerte sich Phil Landon, der legendäre Concierge des „Bel-Air", „die Gettys, Rockefellers, Kennedys … und früher natürlich die ganz großen Stars." Sehnsüchtig erzählte er von den Zeiten, als ihn noch Grace Kelly um Rat fragte. Nein, was hatte sie doch für einen Schwanenhals, was für ein weiches Lächeln und ihre Kleidung – immer Pastell!

Heute kommt Joan Collins vorbei mit ihrer grellen Schwester oder Madonna mit ihren schlechten Manieren –, so ändern sich die Zeiten. Welch Glück, daß Phil das nicht mehr mit ansehen muß! Wir hoffen, er ist auf einer pastellfarbenen Wolke seiner Göttin Grace ganz nah.

Nach dem Weggang des Schweizers Paul Zuest, jahrzehntelang Generalmanager des Hotels (er floh vor den profitbewußten japanischen Besitzern) gab es einige Irritationen; nun sind die Dinge wieder *in balance* – auch für das „Bel-Air", ein wohlhabender Privatmann („Kava Holdings") steht wieder hinter dem Haus.

Die Einrichtung der Suiten ist von delikatem Geschmack (fünf Designer durften ihre Träume von Behaglichkeit verwirklichen), der Service in den Staaten nach wie vor unerreicht (vom ersten Moment wird der Gast mit Namen angesprochen, das Zimmer dreimal am Tag aufgeräumt – selbst vor dem Auschecken am Abreisetag). Und die Küche ist wunderbar leicht.

Natürlich gibt es neben kalifornischem Hummer auch einen Hamburger auf der Mittagskarte, wir sind schließlich in Amerika. Und einmal habe ich ihn am Pool, versteckt hinter einer Palme, auch versucht, Herr Siebeck war ja weit genug weg.

Der Hamburger wurde serviert auf einer Silberplatte. „Und hier, Mylady", verbeugte sich der Kellner formvollendet: *„our special homemade Ketchup".*

Keine Suite, sondern ein ganz normales Zimmer mit Kamin. Fünf verschiedene Designer haben das Haus 1982 für zwölf Millionen Mark aufgemöbelt.

BIG SUR
VENTANA INN

Wo ist der Highway Number One, die Traumstraße der Welt, am aufregendsten? Wir wissen es, seitdem der wilde Henry Miller ein Buch darüber geschrieben hat: „Big Sur und die Orangen des Hieronymus Bosch". Ja, Big Sur heißt der zerklüftete Küstenstreifen, wo sich Flüsse durch Schluchten zwängen und Berglöwen, Adler und Bussarde hausen, Big Sur, Großer Süden, großartiges, grausames, unbehaustes, unwegsames Land: Da liegt das „Ventana Inn". Und wer neue Horizonte entdecken will, auch in sich selbst, für den liegt dieses Hotel am schönsten Ende der Welt.

Der Mittagstisch auf den Klippen des „Ventana Inn" ist einer der magischen Plätze an der Pazifikküste. Hier essen gesunde Kalifornier gesunde Küche.

VENTANA INN

Das „Ventana Inn“ ist ein ganz besonderes Hotel. Und um es besser zu verstehen, muß man ein bißchen von den Menschen wissen, die stark genug waren, die Küsteneinsamkeit von Big Sur zu ertragen, neunzig Meilen lang kein Dorf, kein Ort, von den Carmel Highlands im Norden bis zum Hearst Castle im Süden: nichts als Felsen, Nebel, Wasser, Dünen, Gischt.

Die ersten Europäer kamen 1770 von Mexiko hoch, Spanier, die sich von den Esalen Indianern zeigen ließen, wie sie Gicht und Gliederreißen heilen konnten – in den heißen Schwefelquellen von Big Sur. Die Pflege der Gesundheit und des Körpers hat hier immer eine Rolle gespielt.

Erst Mitte des 19. Jahrhunderts siedelten die ersten Familien, die Pfeiffers, Coupers, Moleras, Posts. Nur ein Wildpfad, später eine holprige Wagenfurt verband sie mit der Zivilisation (Telephon und Strom gibt es in Big Sur erst seit 1950). Und der Mut der Pioniere am Pazifik ist unvergessen. Gäste des „Ventana“ wandern heute im „Andrew Molera State Park“ oder sonnen sich an „Pfeiffers Beach“. Das Hotel selbst steht auf dem Grund der Familie Post.

Die Siedler erzählten von Seelöwen, die sich auf den Stränden wälzen und von riesigen grauen Walen, die vor den Küsten prusten und spielen, und schon kamen die Künstler, die Maler, Schriftsteller: *Bohemian Big Sur.* Henry Miller, der Mann aus Brooklyn, der in seiner Kindheit den Himmel nur als einen von Häusern und Schloten zerstückelten Ausschnitt kannte, traf die ursprüngliche Schönheit der Natur wie ein Schock: „Himmelsweiten von reinstem Blau, Nebelschwaden, die auf unsichtbaren Füßen aus Schluchten steigen, Berge, die im Winter smaragdgrün und im Sommer wie Gold sind, die unergründliche Stille des Waldes, die glitzernde Unendlichkeit des Ozeans, von Sonnenglut ausgedörrte Tage und funkelnde Sterne bei Nacht.“ Hier, nur hier, so wollte ihm scheinen, war die Welt so, wie es der Schöpfer gewollt hatte.

Zu den ungeschriebenen Geschichten gehören die gar nicht stillen Tage von Big Sur, die ein berühmtes Liebespaar erlebte. Vor der archaischen Naturkulisse, wollte Orson Welles, Genie mit Hang zur Maßlosigkeit, seine Liebe feiern und schleppte 1944 die noch ungebändigte Ehefrau Rita Hayworth auf die schönste Klippe, dreihundert Meter über dem Meer.

Daß diese Beziehungskiste zu Bruch ging, kümmert die Gäste wenig, die heute im ehemaligen Haus des schwierigen Paares (zum Restaurant „Nepenthe“ umgebaut) den Sonnenuntergang genießen und mit kalifornischem Champagner begießen – keine fünf Minuten vom „Ventana Inn“ entfernt.

Spuren haben sie alle hinterlassen, die Pioniere, die Künstler und auch die Hippies, Yogis, Zenpropheten und Naturapostel, die in den Sechzigern in Scharen angezottelt kamen und in den Campgründen am Big Sur River ihr Paradies auf Erden suchten.

Im berühmten „Esalen Institute“ werden heute die Errungenschaften aus dem psychedelischen Zeitalter kultiviert, Meditation, Encounter, Workshops für Körper und Seele. Und dazu heiße Schwefelbäder wie zu Zeiten der Esalen Indianer.

Das „Ventana Inn“ hat von allem etwas. Der Schriftsteller und Filmproduzent Lawrence A. Spector („Easy Rider“) hat den Traum von einem besonderen Hotel an diesem besonderen Platz geträumt. Und diesen Traum mit Freunden und Künstlern verwirklicht. Der Maler, Möbeldesigner und Architekt Kipp Stewart entwarf Häuser

Der Produzent von „Easy Rider“, Lawrence Spector, hat den Traum von einem Hotel an diesem Platz geträumt; von einem Haus, das so karg und großartig ist wie das Land drumherum.

und Restaurant, die so karg und großartig sind wie die Landschaft drumherum; Innenarchitektin Courtney Brunn entwarf die Einrichtung des Country-Hotels, farbenfroh und beruhigend zugleich.

Die „Ventana"-Gäste Tina und George sind zu Hippiezeiten an der Küste getrampt. Und haben für zehn Dollar im „Deetjun's Big Sur Inn" gewohnt, das noch heute aussieht wie eine Holzfällersiedlung, wunderbar windschief und rosenumrankt. Heute ist George politischer Berater im Weißen Haus, Tina führt eine Galerie – zwei Erfolgs-Gestreßte, die im „Ventana" endlich einmal Zeit und Zärtlichkeit für einander haben – in der teuersten Suite mit Whirlpool, für 635 Dollar die Nacht. Gutaussehende, erfolgreiche Paare – *Dinks* (Double income, no kids) sind typische Gäste. Für sie ist Big Sur, der Große Süden, nicht allein Natur, es ist ein Gefühl und eine Lebenseinstellung.

Hier leben sie gesund. Gesund und kalifornisch lebensfroh. Das beginnt mit einem Frühstücksbuffet, das man sich überall wünschte, mit Zinnkrügen voll frischem Orangensaft, Bergen von Erdbeeren, Papayas, Mangos, Melonen, Ananas. Mit Müsli, Honig und frischen Muffins und Kaffee in Warmhaltekannen. Dazu ein knisternder Kamin, Barockmusik vom Band und ein tagesfrischer „San Francisco Chronicle" in der Hand – mit Blick über den Ozean. Gefrühstückt wird in der Bibliothek – wie unter Freunden. Und die sieht man spätestens wieder beim Cocktail am Nachmittag, in der Lobby zwischen vier und sechs, bei Wein, Käse, Pasteten und Obst.

Und dazwischen? „Unsere Gäste kommen, um nichts zu tun", sagt der Manager (das Hotel gehört seit 1980 den Transamerica Realty Investors), aber das ist natürlich charmant untertrieben, denn die Gäste schwitzen, schwimmen und lassen sich durchwalken von den Masseuren des benachbarten Esalen Institutes, die immerhin schon so berühmtes Fleisch geknetet haben wie das von Rudolph Nurejew, Leonard Bernstein, Candice Bergen und Jack Lemon.

Und die Gäste warten auf Wasserfontänen von Walen, liegen in Hängematten, freuen sich über die Rehe, die in den Zedernwäldern äsen, essen wahnsinnig gute Kuchen und schauen zu, wie sich Klapperschlangen auf blanken Steinen sonnen.

Abends schulen die älteren ihren Geist bei schönen Gesprächen, die jungen Pärchen leihen sich Videos. Im Ventana-Shop kaufen sie Musikkasetten mit Namen wie „Wind and Whispers" oder Körpermilch namens „Pleasure Balm" und verschwinden spätestens um 22 Uhr auf ihre Zimmer.

Wer fühlt sich dort nicht wohl? Erstens: Kinder. Mit ihnen sollte man mittags im Restaurant auf den Klippen essen – und dann nichts wie weg! Zweitens: Kettenraucher. Die dürfen weder in der Natur rauchen (wegen Bäumen und Tieren) noch im Restaurant (tödliche Blicke von gesunden Kaliforniern). Drittens: Drahtige Paare, die erst glücklich sind, wenn sie neun Löcher Golf gespielt haben.

All die sollten ins 30 Meilen entfernte Ferienörtchen Carmel fahren, das so fröhlich verschachtelt am herrlichen Strand liegt wie ein Ort am Mittelmeer, mit hunderten von Lädchen, Pubs und preisgünstigen Inns.

Wer aber die eigene und vielleicht auch noch eine andere Seele streicheln möchte, wer Adler am Himmel liebt und tausend rote Sonnen im Meer, wer neue Horizonte entdecken will, auch in sich selbst, für den liegt das „Ventana" am schönsten Ende der Welt.

Himmelbett, Korbmöbel und ein Terrakotta-Topf als Tisch: Country-Stil mit Phantasie. Auch die Badezimmer sind bis zur Seife durchgestylt; kein Schnörkel zuviel.

NAPA-VALLEY
MEADOWOOD

Wollen Sie schlemmen wie in Italien? – Wein probieren wie in Frankreich? – Croquet oder Golf spielen wie in England? – Und all das unter kalifornisch blauem Himmel? – Im Napa-Valley wird das Unmögliche möglich: im kleinen feinen „Meadowood Resort". Es ist das Clubhotel der Napa-Winzer. Hier feiern die berühmten Familien alljährlich ihre große Wein-Auktion. Und schon nach dem ersten Glas prickelnden „Schramsberg Champagne" beschließen Sie, Weinbauer zu werden in diesem Sonnental – und nie wieder zu gehen.

Drinnen herrscht warme rustikale Behaglichkeit;
aber außen gibt sich das Haus neuenglisch hochnäsig:
wie die weißen Villen auf Rhode Island . . .

MEADOWOOD

Im letzten Winkel meines Herzens hatte ich ihn doch: so einen winzigen Rest europäischen Dünkels. Und traute meiner Freundin in San Francisco natürlich nur halb, als sie mir das Napa Valley als eine amerikanische Ausgabe des Gartens Eden beschrieb.

Warum sollten wir, die wir die Toskana oder die Dordogne sozusagen vor der Haustür haben, zum Genießen ausgerechnet in ein kalifornisches Tal fahren?

Für das Wochenende im „Meadowood Resort Hotel"; zu dem die Freundin schließlich drängte, packte ich dann seufzend ein paar Sportklamotten und nur eine Seidenbluse ein. Und sah mich im Geiste durch gräßlich langweilige Industrie-Rebhänge wandern und vor „echt französischen Weinfässern" mittelmäßige Weine durchprobieren. Weinkunde in California, das war nun wirklich das letzte, was ich wollte.

Soviel Dummheit wird im Napa Tal schnell bestraft. Am ersten Abend im „The Restaurant at Meadowood" kam ich mir in meinen Jeans zwischen all den strahlend eleganten kalifornischen Menschen ungefähr so passend vor, als tafelte ich abends im durchgeschwitzten Jogging-Anzug im Pariser „Maxim's".

Wo in aller Welt war ich hingeraten? Saß ich hier nicht in einem *Country Club* für Weinbauern, mitten drin in der Natur?

Wahrscheinlich hätte ich öfter in die TV-Seifenoper *Falcon Crest* reinschauen müssen, die auch bei uns im Vorabendprogramm lief.

Dann hätte ich gewußt, daß zwischen all den Weinbergen und Eichenwäldern vermögende kalifornische Winzer über prachtvolle Besitztümer verfügen und unseren Freunden aus Denver und Dallas nicht nur in punkto Weinkonsum sondern auch an Geschmack und Eleganz literweise überlegen sind.

Natürlich entspannen sich die Herrschaften von den Zwängen des internationalen Wein-Business (allein das Mondavi-Weingut verkauft zweieinhalb Millionen Kisten pro Jahr) beim Golf; manche lieben auch Croquet. Und wo tun sie das? Im „Meadowood Resort". Das ist ihr Club. Hier feiern sie bei französischer Spitzenküche Geburtstage und Kindstaufen. Hier ist der Sitz der *Napa Valley Vinter's Association*, und hier gibt es im Juni die berühmte 3-Tage-Weinauktion.

Das Clubhaus, in dem Restaurant, Grill, Konferenz- und Meetingräume untergebracht sind, sieht neuenglisch aus, weiß und hochnäsig, und das soll es auch: Architekt Kirk Hillman aus Sausalito hat es einer viktorianischen Strandvilla auf Rhode Island nachempfunden.

Es liegt in einem Seitental, eine Meile vom Örtchen St. Helena entfernt, zu Füßen der Vaca Range-Bergkette, und versteckt sich in einem über hundert Hektar großen Areal zwischen Eichen- und Fichtenbäumen, die ich so knorrig dicht und verwunschen noch niemals sah.

Seit 1965 hört man zwischen dem Schreien der Raubvögel das feine Klacken der Golf-Schläger im Tal. Aber um rentabel zu sein, war der private Country-Club zunächst zu klein. Die *San Francisco Pacific Union Company* übernahm die Anlage, baute für 15 Millionen Dollar 70 Zimmer, Suiten und ein neues Clubhaus dazu – mit dem Ehrgeiz eines der kleinsten und elegantesten Resorts Amerikas zu schaffen.

Seitdem dürfen auch Nicht-Mitglieder, die keinen Bentley sondern einen Mietwagen einparken, im Meadowood-Pool schwimmen. Und abends die Spezialitäten im „Meadowood" Restaurant genießen. Längst versuchen die guten Köche Kaliforniens nicht mehr die klassische französische oder italienische Küche zu kopieren. Sie haben ihren eigenen Stil kreiert, egal, ob sie ihr Handwerk in Paris oder Los Angeles lernten: eine *American wine country cuisine*, mit viel frischem Gemüse, selbst gezogenen Kräutern, einheimischem Olivenöl und natürlich – Wein.

Wer je eine Land-Ente aus Sonoma in Zinfandel-Sauce aß (Zinfandel ist eine berühmte kalifornische Weinsorte), wird nie mehr über kulturlose Küche in den USA lästern. Ohnedies fangen die Europäer ja langsam an zu begreifen, daß amerikanischer Wein nicht zwangsläufig nach Coca-Cola schmeckt.

In der Weinkarte des Restaurants sind natürlich die ganzen Schätze des Napa Valley ausgebreitet, große Weine, die längst die Qualität der Konkurrenz aus Bordeaux,

Burgund und der Champagne erreicht haben. So elegant es im rosafarbenen „The Restaurant at Meadowood" zugeht, so lässig und ungezwungen geben sich das Bistro „The Grill" und die Suiten und Zimmer: Es ist, als bezöge man sein eigenes gepflegtes Landhaus – mit gemauertem Kamin und hellen Dachbalken, mit großen weißen Bädern und bequemen geblümten Polstern, mit Kaffeemaschine und Körben mit Äpfeln – ganz ohne verlogenen Country-Kitsch.

Überwältigend aber ist nicht der Luxus, nicht der Chardonnay im Kühlschrank oder das makellos gepflegte Grün vor dem Terrassenfenster. Wirklich atemberaubend ist die Natur.

Natürlich sind wir gleich nach der Ankunft den Wanderweg hinter dem Hotel hinaufgestiegen – „die Deutschen rennen immer sofort auf die Berge", sagt meine amerikanische Freundin, „kein Amerikaner würde das freiwillig tun."

Aber ich schritt tapfer auf den markierten Wegen durch die Eichen-Wildnis – geflissentlich die Zwischenrufe der Freundin („Es gibt hier übrigens auch Baumlöwen") überhörend und die Warnschilder *Attention. Poison Oak!* übersehend.

Ich wußte, daß man diese giftige Pflanze einfach nicht berühren und pflücken darf. Aber beim nächsten Warn-Schild sackte aller Mut in sich zusammen. Eine hübsche Klapperschlange war da aufgemalt: *This is the area of rattlesnakes. They don't attack you. But please respect them.* Und was ist bei einem Mißverständnis? Weiß die Klapperschlange auch, daß ich sie respektiere, wenn ich ihr aus Versehen auf den Schwanz trete? Zwei Stunden wanderten wir (ich mit einem Stock in der Hand!) die Höhenzüge entlang, sahen Adler kreisen, Eidechsen huschen und dösten auf runden weichen Felsen in der Februarsonne.

Was für ein aufregend schönes Stückchen Erde – das dachte ich die nächsten Tage noch oft. Bei gepflegten Weinproben auf weltberühmten Weingütern oder in den vielen kleinen romantischen Restaurants (nicht auslassen: „The French Laundry" in Yountville und den perfekt gestylten Italiener „Tra Vigne" in St. Helena und das schönste Delikatessengeschäft des Tals, die „Oakland Grocery"), alles ein Fest für Auge und Gaumen.

Die beste Zeit? – Im Herbst, sagen die Kenner, zur Erntezeit. Im Sommer, sagen die Einheimischen, da ist am meisten los. Im Winter und Frühjahr – sagen wir. Da nämlich ist das Tal nicht überlaufen, die Preise sind etwas moderater, und trotzdem spannt sich fast jeden Tag ein leuchtend blauer Himmel über der wunderbar wilden weichen Landschaft.

„Aber was ist mit den Klapperschlangen?" erkundige ich mich bei der reizenden Dame an der Meadowood-Rezeption. „Wann haben die ihre Haupt-Saison?„ Ein strahlendes Lächeln überzieht ihr Gesicht. „Oh, ja unsere Klapperschlangen. Es ist so wunderbar, sie zu beobachten, wenn sie auf den weichen Felsen in der Sonne liegen. Aber", sagt sie eifrig, „wir haben hier auch noch andere Schlangen-Arten. Man muß allerdings sehr, sehr geduldig sein, um sie zu Gesicht zu kriegen, sie sind ja so scheu... Sind sie denn besonders an Klapperschlangen interessiert?"

Also, wir geben zu, ganz werden wir Amerika nie verstehen.

Die Einrichtung ist ganz ohne Country-Kitsch. Mit gemauerten Kaminen und hellen Dachbalken. Die Graphiken erzählen von der Weinkultur des Tals.

BANGKOK THE ORIENTAL

Das „Oriental" ist kein Hotel. Das „Oriental" ist Mythos, Legende – und eine Trutzburg thailändischer Lebensart. – Fast zweihundert Köche arbeiten von morgens bis abends an der täglichen Show, die im „Oriental" Dinner heißt: eine Mischung zwischen Weihnachten, Roncalli und Gartenparty – am lehmbraunen Menam-Fluß. – Zu den Stockwerken der Suiten dringt freilich von diesem Getriebe kein Geräusch. Die Welt der Suiten hat im „Oriental" ihre eigenen Gesetze und Geheimnisse.

Vom kolonialen Charme des „Author's Wing" (Autoren-Flügel), der Urzelle des Hotels, profitiert das moderne „Oriental".

Warum gilt das „Oriental" in Bangkok als das beste Hotel der Welt? – Die Antwort ist einfach: Es ist der Fluß.

Ohne den lehmigen Menam-Strom wäre das Hotel wie ein Theater ohne Bühne. Wie ein Zirkus ohne Artisten. Oder wie Weihnachten ohne Bescherung. Ohne das Wasser wäre aller Glanz und Zauber dahin. Und alles Geheimnis.

Denn der Menam oder Chao Phya, der Strom der Könige, ist nicht einfach eine Wasserstraße und Freizeitoase wie unser Rhein oder Main. Der Fluß ist Bewegung, Leben, ist Marktplatz und Waschbecken, Schnellstraße und Promenade, Abwasser-Kanal und Badewanne, Parkplatz, Müllplatz, Schwimmbad.

Im „Oriental" sind alle Restaurants, Terrassen, Gärten, Suiten, Tische, Spiegel, Fenster, Betten nur auf dieses einzige Schauspiel hin ausgerichtet, den seidig-grauen Uferdunst am Morgen, die glutroten Lichtspiele der Sonne am Abend, auf das ewige Kommen und Gehen der Schiffe, die knatternden Langboote der Taxis und Händler, die breiten Reiskähne mit ihren gewölbten Dächern, die luxuriösen Kreuzfahrt-Yachten, brummenden Ausflugsdampfer und hin und her wieselnden Hotelfähren.

Wie Joseph Conrad, der Schriftsteller, fahren wir mit dem kleinen alten „Oriental"-Kahn durch die Klongs, das Labyrinth der Wasserstraßen, vorbei an „großen vergoldeten Pagoden" und „braunen Häusern aus Bambus, aus Matten, aus Blättern". Heute, gut hundert Jahre später, haben die Hütten Fernseh-Antennen auf den Dächern, aber noch immer leben die Menschen mit dem Fluß. Wir sehen Thai-Frauen kochen, Wäsche waschen und Zähne putzen, daneben Schweine grunzen, Männer, die schlafen oder angeln, Mädchen, die ihre Haare spülen und Reistöpfe auskratzen, sehen tauchende Buben, schwimmende Märkte, einen toten aufgedunsenen Hund.

Das ist Chao Phya, und das ist auch das „Oriental": höchster Luxus in einer fremden, exotischen Welt.

Ein Europäer ohne thailändisches Immunsystem könnte sich nach einem Bad im Menam-Fluß sofort ein Bett im Tropeninstitut von Hamburg bestellen. Im

Höchster Luxus am Menam-Fluß. Die Frühstücks-Eier dampfen unter silbernen Cloches – und abends glitzern tausend Lichter-Ketten . . .

„Oriental" aber ist er natürlich vor der Rache aller Götter gefeit. Das Hotel treibt außergewöhnlichen Aufwand für Umwelt und Hygiene, und hat sich unter seinem in der ganzen Welt gerühmten deutschen Generaldirektor Kurt Wachtveitl zu einem Musterbetrieb für die Hotellerie ganz Asiens entwickelt.

Jedes Bündel Spargel oder Zitronengras wird einzeln befühlt, geprüft, berochen, bevor es in die Vorratskammern kommt; jede Ladung Fisch untersucht und – schon, wenn die Hälfte des Kühleises geschmolzen ist – sofort zurückgeschickt. Eine Million Dollar hat allein die „Oriental"-eigene Kläranlage gekostet.

Doch seinen Ruf verdankt das Haus natürlich noch ganz anderen Vorzügen, die letzten Feinheiten haben wir erst nach einigen Aufenthalten entdeckt. – Ist es die Lobby? Immer kommt jemand an, immer herrscht irgend eine Aufregung. Hochzeiten stehen bevor, das Treppengeländer ist schon mit Orchideenrispen umwickelt; würdig dreinblickende Japaner schreiten zur „Convention", amerikanische Witwen treten auf, elegante Lebenskünstler, alternative Weltenbummler. Und dazu jede Menge Shorts- und Hawaii-Hemd-Gruppen, für die Fernreisen gleichbedeutend zu sein scheinen mit Ferien vom guten Geschmack – quer durch alle Nationen. Man kann den ganzen Tag nur sitzen und gucken – nachmittags bei Barockmusik vom „Oriental"-Kammerorchester.

Oder sind es vielleicht die Suiten im „Author's Wing", dem Autoren-Flügel? – Dort liegt die Urzelle des 1879 gegründeten Hauses, das ungezählte Brände, Kriege, Renovierungen und Schriftsteller als Gäste überstanden hat.

In der weißen Villa kann man heute edle Koffer kaufen oder Tee trinken auf Rattan-Stühlen oder Verlobung feiern in den eleganten Nebenräumen. Aber es fehlt jegliche knarrige Kolonial-Kolorit (das früher zum Beispiel das „Raffles" in Singapur atmete), alle Möbel sind weiß gelackt und die Sonnenschirme fröhlich gelb-weiß gestreift – wie auf der Eisterrasse beim „Mövenpick".

Selbst die berühmten Baldachin-Betten aus goldverziertem Edelholz in der Noël Coward- oder der Somerset-Maugham-Sui-

In dieser Lobby könnte man den ganzen Tag nur sitzen und gucken. Zur blauen Stunde spielt das hauseigene Kammerorchester Haydn und Bach.

te, wo vornehmlich geflittert wird, sind kunstvolle Rekonstruktionen.

Der Normal-Tourist steigt freilich ohnedies in den neuen Bauten, dem Tower Wing (1958) und dem River Wing (1976) ab. Und dort sind die Zimmer eher harmloser als in den anderen Luxushotels der Stadt.

Es gibt also, ehrlich gesagt, einen Haufen elegantere, exklusivere Häuser auf der Welt. Aber dennoch steht das „Oriental" zu Recht ganz oben. Und das nicht etwa, weil auf der Frühstückskarte Birchermüsli, Hummerschwänze und Blaubeer-Pfannkuchen stehen. Das „Oriental" ist ganz einfach kein Hotel. Es ist Mythos, Legende und Trutzburg thailändischer Lebensart – und dazu eine perfekt geölte Veranstaltungs-Maschine.

180 Köche sind von morgens bis nachts beschäftigt, und sie hacken, schnitzen, klopfen, backen, würzen und rühren nicht nur, wie Bildhauer hauen sie auch gläserne Schwäne aus mächtigen Eisblöcken, schneiden hunderte von Decken und Sets aus Bananen-Blättern und formen ungezählte zarte Blüten aus Papaya- und Mango-Früchten. Sie arbeiten unermüdlich an der täglichen Show, die im „Oriental" Dinner heißt: eine Mischung zwischen Weihnachten, Roncalli und Gartenparty – am breiten lehmbraunen Fluß.

Jeden Abend gegen 18 Uhr flammen tausende von Lichtern auf, Spots im Swimmingpool, Windlichter auf den Tischen, Lichterketten in den Bäumen. Bei „Ciao", dem Italiener am Flußufer, werden die ersten Pizzas garniert; auf der Terrasse daneben tritt die Kellner-Brigade vor dem abendlichen „Barbecue"-Buffet an; bei „Lord Jim's", dem Meeresfrüchte-Mekka für Geschäftsleute, wird der Fang des Tages ausgelegt, und im feinen Dach- Restaurant „The Normandie" die Reservierungen des Abends für das *Menu Dégustation* besprochen.

Auf der hoteleigenen „Orchid Queen" wogt bereits ein Cocktail-Empfang; die „Oriental Queen" wird für ein Candle-Light-Dinner eingedeckt. Am gegenüberliegenden Ufer bereitet sich das Thai-Restaurant „Sala Rim Naam" auf eine „Dinner and Thai dance show" für 160 Amerikaner mit goldgewandeten Tempeltänzerinnen vor...

„Aber sie vergessen ja ganz unsere auswärtigen Verpflichtungen", ergänzt der Generalmanager Kurt Wachtveitl in seiner Eigenschaft als oberster Zirkusdirektor: „Neulich betreuten wir gleichzeitig den Hochzeitstag des Königspaares mit 1000 Leuten im Palast, dazu den Holländischen Nationalfeiertag mit 300 Leuten in der Botschaft... und den japanischen Premier in der Oriental-Suite"!

Die Geschäftsleute, hoch oben im Stockwerk der Suiten, bekommen von all diesem Getriebe nichts mit. Seitdem wir in der „Barbara-Cartland"-Suite nächtigen durften, fragen wir uns nicht mehr, warum die Bankiers dieser Welt gerade dieses Hotel so überaus schätzen.

Eine Suite im „Oriental" schließt man nicht selber auf. Der Butler auf dem Flur wird das nicht zulassen. Mit der Souveränität eines Gastgebers übernimmt er die Einkaufstüten, geleitet zur Tür, fragt nach dem Befinden, weiß immer Rat und vermittelt ein beruhigendes Gefühl der Geborgenheit.

Sollen wir Ihr Kostüm aufbügeln? Vielleicht eine Tasse Tee? Gebäck? Oh, nichts, außer frischen Mangofilets? Er lächelt. Und bringt die Mangofilets mit Klebereis und Kokosmilch, eine thailändische Nasch-Speise, die man einmal ißt und nie mehr vergißt.

Alles ist in dieser Welt der Suiten anders. Natürlich steht der Name des Gastes auf dem Hotel-Briefpapier; und natürlich ist der Bademantel nicht aus Baumwolle, sondern aus Seide – und auf der Tasche sind die Initialen des Gastes eingestickt...

Die *Beautiful people* von Bangkok ziehen dennoch das würdige „Regent" mitten im Zentrum der Stadt dem quirligen „Oriental" vor. Im „Regent" seien die Gäste ruhiger, die Antiquitäten in den Läden älter und die Juwelen kostbarer, belehrte uns eine Hofdame der Königin beim Tee im Foyer. „Und auch die Barockmusik ist exquisiter", meinte die vornehme Zierlichkeit.

Aber der Fluß, fragten wir fassungslos, fehlt nicht der Fluß?

Die Hofdame zog unmerklich eine Augenbraue in die Höhe. „Der Fluß", sagte sie und neigte ein wenig den elfenbeinfarbenen Hals, „der Fluß ist vor allem laut."

PHUKET
AMANPURI

Der Massentourismus hat die Insel Phuket längst erreicht. Aber eine Bucht tut noch so, als gebe es im Andamischen Meer vor Thailands Westküste nichts als Abgeschiedenheit und Harmonie. „Amanpuri" heißt der Schlüssel zu dieser verzauberten Welt: „Stätte des Friedens". Jeder Gast hat dort seinen eigenen kleinen Tempel zum Schlafen, Entspannen und Sonne-Anbeten. Luftige Pavillons, mal mitten im Palmenwald, mal auf dünnen Betonbeinen direkt über dem Meer. Licht, leicht und luxuriös zugleich, eine Verbeugung vor der alten Baukunst der Thais.

Drinks bestellen Gäste am Strand mit drahtlosem Telephon. 144 Angestellte betreuen 40 Bungalows. Selbst in Asien ein einmaliger Aufwand.

Amanpuri. Das Wort habe ich einmal gehört und dann nie mehr vergessen. Vielleicht, weil es so verheißungsvoll exotisch klang; vielleicht aber auch, weil man mir das Wort an einem so aufregenden Ort verriet. Es war im lichtfunkelnden Foyer des „Regent" in Hongkong. „Amanpuri", sagte die elegante Hongkong-Chinesin mir gegenüber, „das ist der schönste Traum, den Asien zu bieten hat". Und ihre Augen leuchteten: „A magic place."

Adrian Zecha, einer der Begründer der Regent-Hotels, ein Mann mit vielen Ideen und viel Kapital, hat das „Amanpuri" entwickelt. Auf der Insel Phuket, vor der Westküste Thailands, hatte er Ende der Siebziger Jahre plötzlich eine Vision. In der Pansea-Bucht, genau dort, wo der jahrhundertalte Palmenwald vom Strand das steile Ufer hochklettert, sollten Stufen hochführen: zu einem kleinen Hotel mit der Anmut, Würde und Harmonie der thailändischen Kultur. Zu einem Hotel, in dem man sich nicht über Asia-Kitsch würde ärgern müssen, nicht groß, nicht pompös; sondern leicht, lässig und doch luxuriös.

Das war wieder eine echte Zecha-Idee. Denn genau das suchen die Erfolgreichen der Welt: Einen sonnigen Platz am Meer, wo sich das Auge freuen kann, und man ohne Candle-Night-Tamtam seine Abende verbringt. Und wo der Service stimmt.

Mit dem Bau wartete der kluge Geschäftsmann freilich, bis Phukets neuer Flughafen fertig war. Das „Amanpuri", in der altindischen Literatursprache Sanskrit heißt das „Stätte des Friedens", wäre nicht denkbar ohne die täglichen Flugzeuge aus London, Frankfurt, Zürich oder New York und die Massenhotels in den benachbarten Buchten. Selbst die hochnäsigste und auf Abgeschiedenheit bedachte Oase ist abhängig von einer funktionierenden Infrastruktur.

Im Januar 1988 öffnete das „Amanpuri" – ohne jegliche Werbung. „Ich vertraue auf die Mundpropaganda", sagte Zecha einem amerikanischen Journalisten. „Das ist wie bei den Restaurants: die wirklich guten werben nicht."

Als ein Münchner Friseur, der sonst immer nach Sylt enteilt, zwischen zwei Haarschnitten mitteilt, er müsse demnächst in ein Hotel in Phuket, das so schön

Man kann sich nicht satt sehen: an den kunstvollen Frucht-Arrangements, den verschachtelten Tempel-Dächern, nächtlichen Musikanten …

sein solle wie ein Tempel, wußte ich: 1. Zechas Rechnung ist aufgegangen. 2. Es wird Zeit, das Paradies zu erkunden.

Weil ich allein reiste, nahm ich jede Menge Bücher mit. – Aber angeschaut habe ich nicht ein einziges. – Also tolle Leute? – Oder Surfen bis zum Umfallen? fragte bei der Rückkehr eine Freundin: Oder jeden Tag Entdeckungsfahrt und dann todmüde ins Bett? – Nein, von allem nur ein wenig. – Also dann, was war denn los?

Wahrscheinlich hätte ich verschämt geschwiegen, wäre ich nicht bei einem amerikanischen Hotel-Tester auf folgenden Satz gestoßen: „Ich trat ein ins ‚Amanpuri' und sofort überfiel mich eine Ruhe, die nur der Ruhe beim Meditieren vergleichbar ist. Walkman, Zeitschriften, Telefon, nichts habe ich benutzt."

Amanpuri. Stätte des Friedens. Hier „checkt" man nicht ein, hier kommt man an. Ein lächelndes Mädchen mit bloßen Füßen und weißem Gewand übernimmt die Formalitäten. Keine Rezeption, zum Empfang nur eine Kette aus Orchideen.

Die ersten Blicke ins Hotel nehmen einem den Atem. Es hat tatsächlich die Ruhe und Klarheit der großen Tempelanlagen Thailands. „Dach erhebt sich aus Dach", hat sie Somerset Maugham einmal beschrieben, „und Dächer sind die Glorie der siamesischen Architektur."

Das lächelnde Mädchen bewahrt trotz aller Verbeugungen eine schöne freundliche Distanz, eine Distanz, die Respekt bezeugt und Respekt verlangt. Sie führt mich über ein Wirrsal von Treppenstufen mitten in einen Palmenwald bis zu meinem Pavillon.

In dem offenen Tempel davor, meine Terrasse, steht eine Fruchtschale auf dem Tisch, die man mit Armen nicht umfassen kann, ein verschwenderisches Stilleben voll unbekannter tropischer Früchte.

Vom Bett aus kann man direkt auf die Badewanne schauen, es ist ein Badezimmer ganz aus Spiegel und Holz, ich sah bisher nirgendwo ein Schöneres...

Ja und? Du mußt doch irgendetwas getan haben? drängte die Freundin nach meiner Rückkehr. Schon. Aber wie das erklären? – Ich lag auf dem Polster unter meinem Tempeldach, stundenlang. Plopp, machte es, wenn eine Kokosnuß zu Boden fiel. Ich schaute Vögeln zu, die auf Bananenstauden wippten. Und ich befreundete mich mit einem Tier, das jeden Tag in der Dämmerung vor meiner Pagode lachte, schnarrte, knarzte und schmatzte. – Alle die ich fragte, vermuteten, es sei ein Frosch. Ich glaube das bis heute nicht.

Und ich lag im warmen Sand, sah den Wolken-Formationen zu, ich tauchte ins blaue Meer und traf Fische mit Flügeln und eine braunschillernde Schlange, gut einen Meter groß.

Einsam fühlte ich mich nie, sondern von soviel Schönheit wie umhüllt, umsorgt, umarmt. Kaum kam ich aus dem Wasser, wurden mir kleine Wachtel-Spiegeleier gereicht oder krustige thailändische Süßigkeiten. Ging ich aufs Zimmer, lagen schon Blumen auf dem Kissen, Bademantel und eine Flasche Bodylotion bereit.

Was waren das nur für dienstbare Geister? Gesehen habe ich sie nie. Manchmal blieb ich morgens lange in meinem Tempelchen sitzen und genoß die süßen Papayas zum Frühstück, den herrlichen Tee. Würden sie vielleicht jetzt zum Zimmeraufräumen kommen? Lächelnd, die Handflächen zum Gruß aneinander gelegt? Aber sie kamen nie. Und waren doch eigentlich immer da. Nach der Ausflugstour stand auf dem Tisch Mineralwasser und ein Teller mit frischen Mangofilets. Jetzt nur noch ein winziges Stückchen Schokolade... aber das hausgemachte Konfekt lag bereits neben dem Bett.

Als der Geist meine Naschsucht bemerkte, stellte er abends Nougat neben das Kissen oder legte Schokoladenplätzchen aufs Waschbecken. Ja, irgendwann hatten sich der Geist und ich so herzlich aneinander gewöhnt, daß in mir die Hoffnung keimte, er könne vielleicht mit nach Deutschland gehen und dort jeden Abend die Frotteehausschuhe vor das Bett stellen, aber das klappte irgendwie nicht.

Dieser intensive Service – 144 Angestellte auf vierzig Bungalows – ist eine Adrian-Zecha-Idee. „Essen wollen Leute immer weniger; pompösen Luxus im Urlaub auch nicht. Aber verwöhnen mit kleinen Extras lassen sie sich gerne. Nur noch im Service unterscheiden sich heute Luxushotels."

Abends fällt über das „Amanpuri" ein unbeschreiblicher Zauber. In den Seerosenteichen beginnen die Frösche ihr rhythmisches Quaken. Eine raffinierte Beleuchtung geht an. Die schweren Tempeldächer auf den zarten Säulen scheinen jetzt zu schweben. Die Kostbarkeiten, die Buddhas und Tempelreliefs, liegen in warmem Licht. Das schwarze Schwimmbad funkelt wie ein Edelstein. Ein Duft von Jasminblüten und Gewürzen liegt in der Luft.

Und dann kommen die Musiker in goldenen Gewändern und spielen unterm Tempeldach eine leise monotone Flötenmusik, nur etwas Trommeln und Klingeln dazwischen, jeden Abend hocken sie so im Schneidersitz, goldfunkelnd wie die Sterne und gehören doch zu der Nacht wie das Zirpen der Zikaden.

Die Gäste sitzen derweil vor Saucen-Schüsselchen und Krabben-Suppen mit Zitronengras, vor Entenbrust mit Pilzen oder Phuket-Hummerschwanz. Reis, Gemüse, Fisch – für mich ist die leichte, gut gewürzte Thai-Küche eine der bekömmlichsten und besten der Welt.

Aber natürlich hat auch dieses Sonnenplätzchen Schattenseiten. So gibt es Pavillons, die direkt an der Straße liegen; andere hören das Rasseln der Zinnfabrik in der Nachbarbucht. Und manche der Aussichts-Tempelchen liegen so ungünstig, daß sie von allen Seiten einsehbar sind. Das ist vor allem für jene Herren schlecht, die mit ein, zwei Mädels von Bangkok für ein Luxus-Weekend mit dem Privatjet eingeschwebt sind. Sie kann man dann beobachten, wie sie – mit dickem Bauch und lächelnd wie Buddha – auf ihren Hochsitzen thronen und sich von den schönen kichernden Kindern mit Weintrauben füttern lassen.

Adrian Zecha hat vom „Amanpuri“ gedanklich längst Abschied genommen. Das Hotel funktioniert (es ist, trotz nochmaliger Preiserhöhungen, Wochen voraus ausgebucht), Schwesterhotels in den Bergen und am Strand von Bali sind bereits eröffnet.

Und auch ich habe schon längst wieder einen neuen Traum. Ich möchte vom „Amanpuri“ zu den einsamen thailändischen Similan-Inseln segeln und mich zwischen den buntesten Fischen in unentdeckten Tauchgründen tummeln.

So gehen die Träume niemals aus. Nur das Geld.

Macht nichts. Besser als umgekehrt.

Der Architekt Edward Tuttle, ein Amerikaner mit Wohnsitz in Paris, hat im Stil der Thais eingerichtet: schlicht und luxuriös zugleich.

BAJA CALIFORNIA
LAS VENTANAS AL PARAISO

Ein unwirtlicher Felsrücken zwischen zwei Ozeanen – mehr war die Baja California bis Mitte dieses Jahrhunderts nicht. Doch heute wartet auf der mexikanischen Halbinsel – zwischen Wüsten, Sand und Kakteen – nichts als Ferienglück. Das „Las Ventanas al Paraiso" ist nicht nur das beste Strandresort von Mexiko. Das Fünf-Sterne-Hotel an der Südspitze der Baja ist, neben der Südsee, für Golfer und Naturschwärmer wohl das aufregendste Sonnenziel auf der ganzen Welt. Wir haben es tatsächlich entdeckt: das Fenster zum Paradies.

Im „The Restaurant" duftet es nach mexikanischen Genüssen – ergänzt von gesunder kalifornischer Kost. Dort, am kühlen Pool, möchte man nie mehr aufstehen …

Perrier

An den scheußlichsten Büro- und Regentagen haben wir uns bisher nach Bali gesehnt, ganz fest die Augen geschlossen, bis ein grünes Reisfeld auftauchte, dahinter die Schlucht des Ayung River … Und in der Kunst des Sehnens und Erinnerns sind wir mittlerweile so gut, daß wir Wärme spüren können auf der Haut und sogar das Rauschen des Flusses hören, ganz zart.

Doch unser Bali-Traum hat Konkurrenz bekommen. Baja California! Kein Sonnenziel in Asien oder in der Karibik hat uns jemals so berührt und betört wie diese öde, karge, grandiose Halbinsel an der mexikanischen Westküste, nichts als ein Finger, länger als Italien, aber nur halb so breit, voller Wüsten, Sand und Dornen, Gebirgen, Steinen und Kakteen.

Bis zum zweiten Weltkrieg war die Baja Ziel amerikanischer Aussteiger, Goldsucher, Glücksritter und abenteuerlustiger Hochseefischer – heute fallen im Winter tausende Rentner aus Kanada und Kalifornien wie Heuschreckenschwärme ein, vom Flugzeug aus sieht man ihre metallglitzernden Siedlungen aus ungezählten Motorhomes – wie Städte auf fernem Stern.

Auch die beiden Orte am Südkap – Cabo San Lucas (ein Bumsdorf voller Fast-Food-Läden und Disco-Lärm) und San José de Cabos (noch romantisch mexikanisch verschlafen) drohen langsam zusammenzuwachsen. Immer neue Betonkästen schieben sich an die Strände vor, deren Häßlichkeit auch der rötlich braune Anstrich, die Farbe der Küste, nicht mildern kann. (Warnung vor Ferienbunkern wie dem „Westin Regina“ oder dem „Meliá Cabo Real“).

Und da mittendrin soll er liegen, unser neuer Traum? – Von außen sieht man gerade einen flachen weißen Bau, davor ein schlichtes Holzdach auf zwei Säulen, ein runder Teich, ein paar große Steine… Aber wer eintritt ins „Las Ventanas al Paraiso“, für den öffnen sich wirklich die Fenster zum Paradies. Er wird bezaubert von einer Landschaft aus Seen, Pflanzen, Brücken und Pools am Saum der blauen Lagune, einer kunstvoll komponierten Welt, die nur einem einzigen Prinzip huldigt: der Harmonie. Die Wellen des Mee-

An alles ist gedacht, sogar ein Teleskop steht in der Suite. Tags wartet man auf die Fontänen der Wale, nachts auf die Sterne am funkelnden Firmament.

res, der weite Bogen der Bucht, die weiche Rundung der Dünen, all das wiederholt sich in den geschwungenen Wegen und Pools, den gerundeten Blumenbeeten und welligen Golf-Greens, überall ist Anmut, Bewegung und Phantasie.

Kandelaber-Kakteen recken die Arme, große Fische aus Stein stehen mit offenen Mäulern auf Treppenstufen, Barhocker tragen als Rücken einen eisernen Fisch, Sonnenliegen sind geschnitzt wie die Flossen einer Meerjungfrau.

Eine frische Brise umfächelt tagsüber den „Sea Grill", wo den vornehmlich amerikanischen Gästen riesige Fisch-Burgers, frische Hummer oder „Baja Fish Tacos with Salsa Mexicana" serviert werden. Und nur auf den ersten flüchtigen Blick sieht es hier wie in einer griechischen Taverne aus: in Wahrheit ist dies eine Inszenierung von Designern (Wilson J Associates aus Dallas): Tische und Stühle sind so gestrichen, daß sie schon ein wenig abgenutzt aussehen, Platzteller aus angerostetem Eisen. Eine mediterrane Komposition – vom Kaktus im Terracotta-Topf bis zu den schweren Gläsern, Karaffen und Tellern mit meerblauem Rand. – Und all das wirkt nicht aufgesetzt kunstgewerblich, sondern fügt sich ein, überrascht, macht Staunen – erst auf den zweiten Blick.

Wenn so etwas Außergewöhnliches entsteht, steckt meistens ein einzelner Kopf und keine große Gesellschaft dahinter. In diesem Fall ist es der Mexikaner Javier Burillo Azcarraga, dessen Familie ein Vermögen in der Medienbranche verdient. Mit dem Hubschrauber knatterte er um die Felsen am Kap – auf der Suche nach einem geeigneten Platz für einen Yachthafen. Señor Azcarraga liebt, besitzt und baut Yachten – natürlich in seinen eigenen Werften.

Die Südspitze der Baja, wo der milde Golf von Kalifornien („Sea of Cortez") mit dem rauhen Pazifik zusammenstößt, sieht aus wie ein Stück Paradies, türkisblaues Wasser umfließt „El Arco", einen Rundbogen aus Fels, ab und zu blitzt ein heller Sandstreifen zwischen felsigen Zacken auf. Seelöwen sonnen sich dort, drängen sich aneinander, dösen satt auf glatten Steinen. Hier ziehen in den Wintermona-

Die Wellen des Meeres, der weite Bogen der Bucht, all das wiederholt sich in den geschwungenen Wegen, gerundeten Terrassen und Pools: überall Anmut, Bewegung, Phantasie ...

ten auch die Grauwale aus der Arktis vorbei, um in der lauen Lagune des Golfs von Kalifornien ihre Babys zu gebären und in den Schlaf zu wiegen.

Und nicht weit davon sah der Mexikaner vom Hubschrauber aus plötzlich dieses unbebaute Stück Land am langen Strand. „Das war wie eine Vision", erzählt Edward T. Steiner, der heutige Generalmanager des „Las Ventanas", „genau an diesem Punkt sah er ein Luxusresort, da wollte er es kreieren: ein perfektes Urlaubsparadies."

Das ist gelungen, und wir wissen auch warum: Der vermögende Mexikaner holte sich die besten Fachleute der Welt. Als Bauherren den US-Architekten Hal Thannisch; als Betreiber die renommierte Rosewood-Gruppe, die zum Beispiel das „Mansion on Turtle Creek" in Dallas besitzt und mit Raffinesse und viel Know-how Häuser wie das Londoner „Lanesborough" managt und vermarktet.

Die hohen Standards hat – wie so oft im Hotelbusiness – eine Frau gesetzt; Caroline Hunt, die Gründerin der Rosewood-Gruppe. Ihre Spuren finden sich bis in die großzügigen Badezimmer des „Ventanas" hinein, wo Produkte ihrer hauseigenen „Lady Primrose"-Linie verschwenderisch duften.

Im „Las Ventanas" scheinen uns viele Erfahrungen gebündelt, die Hotelprofis in den besten Resorts der Welt gesammelt haben. Details erinnern an die legendären Aman-Resorts: von der perfekten – und natürlich hinter Holztüren versteckten Stereo-TV-Video-Technik – bis zum täglichen Gute-Nacht-Gruß (im „Ventanas" endlich mal keine Süßigkeit, sondern kleine getöpferte Überraschungen).

Und auch in dem architektonisch bisher unübertroffenen mexikanischen Hotel „La Casa que canta" hat man sich sicher umgeschaut, auch dort gefallen Mosaike aus Kieselsteinen, geschnitzte Türen, farbenfrohe Graphiken und Malereien…

Mit Geschick hat man auch im „Ventanas" die Arbeiten mexikanischer und amerikanischer Künstler eingebunden – und mit Mut.

Niemals zuvor haben wir so gigantische Kronleuchter gesehen – sie überspannen

Ein Haus voller Kunst und Überraschungen:
Da recken Kakteen ihre Arme, dort grüßen große Fische aus Stein.
Der mexikanische Bauherr hat seine Vision verwirklicht.

die Lobby und Bar wie ein großartiges eisernes Firmament.

Der Service ist eher bemüht als perfekt, dem guten Willen des freundlichen mexikanischen Personals setzen oft mangelnde Englisch-Kenntnisse Grenzen. Aber noch ist das Haus jung. Schulung und Training sind nicht abgeschlossen. Dafür mögen Gäste bedauern, daß die starke Strömung Schwimmen vor dem Hotel meist verbietet. Uns störte das nicht.

350 Tage im Jahr badet das „Ventanas" in der Sonne, jede Suite ist durchflutet von Licht, jede Terrasse umrahmt von der funkelnden Bläue des Himmels und Meeres. Jetzt im Korbstuhl dösen – und im Radio wählen können zwischen „Love Songs", und „Power Hits" oder – „Lite Classic"...! Und am Abend den Nacken entspannen im kleinen Jacuzzi auf der Terrasse; warten, bis die ungezählten Gaslaternen zu leuchten beginnen, die zuckenden Flämmchen der Nacht. Dieses Haus trägt keine albernen Lichterketten. Es schmückt sich mit Fackeln und mit Säulen, aus denen Flammen lodern – ein dramatischer Auftritt unterm Sternenzelt. Liebespaare können sich nun eine „Sea and Stars Night Massage for Two" bestellen, Singles die von Sonne und Wind strapazierte Haut im „Spa" mit einer „Sun Lover Therapy" beruhigen lassen ...

Ist das vielleicht alles zu perfekt? Zu neu? Zu luxuriös? Zu gut geölt? Ach, ein Traum ist es. Fest die Augen schließen. Und noch einmal sehen, wie der grüne Kolibri – flügelflirrend – an der Bougainvillea-Blüte auf dem Frühstückstisch knabbert; die Augen nicht öffnen, schnell den Mittag im „Sea-Grill" herbeiwünschen, noch einmal erleben, wie es plötzlich alle Gäste von den Stühlen reißt. Meterhoch schießt sie in den Himmel, die Wasserfontäne, dann schlägt und peitscht ein mächtiger dunkler Schwanz.

Grauwale! Da ziehen tatsächlich zwei Grauwale vorbei, ein Baby im Schlepp, was ist das für ein großes Schnauben und Wälzen. Und dies ist ein so grandioses und gleichzeitig so anrührendes Bild, daß einem fast das Herz zerspringt und sogar die Golfspieler, am 15. Loch, in ihren buntkarierten Hosen für einen Augenblick den Schläger sinken lassen.

Manchmal ziehen Grauwale vorbei, und das ist ein so bewegendes Bild, daß sogar die Golfspieler in ihren buntkarierten Hosen für Sekunden den Schläger sinken lassen.

GARDEN ROUTE
THE PLETTENBERG

Für uns war es ein neues Land: Südafrika. Wir hatten es gemieden, sehr bewußt. Jetzt wollten wir es kennenlernen, ganz genau. Und wir trafen, kurz nachdem sich die weiße Bevölkerung mit großer Mehrheit für Reformen ausgesprochen hatte, auf eine Stimmung des Aufbruchs, der Zuversicht, fast der Euphorie. „The country coming in from the cold", jubelten die liberalen Zeitungen. Und wir feierten mit – an einem der aufregendsten Plätze der Welt: im „Plettenberg". – Auch das ist nun Geschichte. Aufruhr, Gewalt erschüttern immer wieder dieses Land. Aber nun lieben wir es. Mit all seiner Schönheit und Verletzlichkeit. „Ich weigere mich einfach, ohne Hoffnung zu sein", hat die Südafrikanerin Nadine Gordimer geschrieben.

Südafrikas Sonnenseite: vor den Augen nichts als Wasser und Himmel. Auf dem Teller fangfrischer Lobster, im Glas ein Riesling vom Kap....

WINES

THE PLETTENBERG

Es war die schlimmste Nacht ihres Lebens, sagt sie. Vor dem Einschlafen hatte noch ihr Sohn angerufen. „Du, wenn das schiefgeht, dann ist das so eine Schande vor der ganzen Welt, solch ein Desaster." Und nach einer Pause: „Für uns steht fest, bei einem *No* wandern wir aus."

„Und Deine Firma? Die Computerfirma?" hatte sie gerufen. „Und wo wollt' ihr denn hin? Etwa nach Amerika ...?" – „Darüber reden wir morgen", hatte er müde gesagt und aufgelegt. Und sie hatte kein Auge zugemacht die ganze Nacht.

Und dann kam dieses tausendfache *Yes*, sagt Liz McGrath. Diese überwältigende Zustimmung für die Reformen: „Ein ganzer Felsen ist mir vom Herzen gefallen."

Wir können uns das vorstellen. Denn Liz, die uns nach dem Dinner im chintzgeblümten Salon gegenübersitzt, ist nicht nur die Besitzerin des „Plettenberg" an der Plettenberg Bay, sie hat auch – gegen alle guten Ratschläge ihrer Berater – eine Woche vor dem Referendum der weißen Minderheit am 17. März 1992 ein Weingut in der schönsten Villengegend von Kapstadt gekauft, Gut Hohenort in Constantia. „Im Grunde meines Herzens war ich voller Zuversicht. Es konnte ja gar nicht anders weitergehen. Die Welt hätte sich abgewandt von einem Südafrika, das an der Apartheid festhält."

Liz ist Engländerin. Eine gutaussehende, gepflegte Frau mit dem weltläufigen Charme der englischen Oberschicht. Ihr Mann, ein Südafrikaner, hatte kurz vor seinem Tod das Anwesen der Familie Thesen auf den Look-out-Felsen erworben, das schönste Fleckchen im Badeort Plettenberg. Und Liz hat sich als Witwe in das Leben einer Unternehmerin im Hotel-Business gestürzt, ohne je darauf vorbereitet zu sein.

Für die Einrichtung gewann sie vier verschiedene Designerinnen aus Kapstadt und Johannesburg; für die Leitung Peter Webster, den sie und ihr Mann im „Victoria Fall Hotel" schätzen gelernt hatten. (Der trainierte zwei Monate das Personal: Die eine Hälfte spielte Gast, die andere Hälfte „staff"). Für Organisation und Leitung der Hauswirtschaft nahm Liz McGrath eine Frau, „ich setzte im ganzen Hotel auf Frauen. Schwarze Frauen." Auch der Chef-Housekeeper ist eine Schwarze. Als Liz sie

Ob morgens beim Aufwachen, mittags beim Lunch, abends zur blauen Stunde – immer wieder, immer neu faszinieren Wolken, Farben und Stimmungen über der Bucht.

einstellte, durfte sie noch nicht mal im Zentrum von Plettenberg ein Zimmer haben. „Wir haben sie illegal in der Stadt untergebracht," sagt Liz und schlägt die schlanken Beine übereinander. „Sie macht bis heute einen phantastischen Job, sie hat das Haus und ihre Leute perfekt im Griff."

Liz kommt aus einer Welt, in der, so die südafrikanische Schriftstellerin Nadine Gordimer, gutmeinende privilegierte Weiße „nett" zu ihrem schwarzen Personal sind, mit der Nanny schon mal einen Tee trinken, dem Gärtner frei geben, wenn seine Mutter krank ist, „und der Kleine vom schwarzen Boy darf auch mal in den Pool."

Das ist nicht Nadine Gordimers Haltung. Die Nobelpreisträgerin will nicht „ein bißchen Reform". Sie will ein vollkommen anderes System. Will eine Umverteilung des Vermögens in einem Land mit weniger als vier Millionen Weißen. Und etwa sechsunddreißig Millionen Schwarzen. Aber kann das die Zukunft sein?

Liz hat inzwischen auch ihr Weingut in Constantia in ein „entzückendes kleines Hotel" („The Cellars") umgebaut. Und wieder gute solide Arbeitsplätze geschaffen – wieder vor allem für schwarze Frauen. „Die Frauen dieser Generation sind verläßlicher als ihre Männer. Sie haben die Kinder aufgezogen, während die Männer, arbeitslos, an der Flasche hingen. Viele Männer haben Alkohol-Probleme. Für sie sehe ich kaum Perspektiven. Wir müssen uns um die Kinder in den *Townships* kümmern. Die Kinder brauchen Ausbildung, Förderung . . ."

Doch wie das bewerkstelligen in einem Land, in dem es Farbigen noch bis zum Sommer 1990 verwehrt war, eine öffentliche Bibliothek zu benutzen?

Fragen. Südafrika stellt immer wieder Fragen. Es packt, überfällt einen. Dieses Land ist so gesegnet und so gepeinigt in einem, daß keiner unbeteiligt bleiben kann. Mal glaubt man sich in der Dritten Welt, mal in der allerersten Welt – von allen.

Über der Bay liegt kalifornische Lebensart. Plettenberg hat hübsche Boutiquen, Grünanlagen, Healthfood-Läden. Mit den ersten Morgenstrahlen kommen die Jogger an den Sieben-Meilen-Strand, später laufen die Hundebesitzer am Gischtsaum des Wassers, dann schleppen schon die ersten Surfer ihre Bretter in die Wellen.

Die Besitzerin des Hotels, Liz McGrath, hat die Zimmer von vier Designerinnen dekorieren lassen – das hat zu edlem Wettbewerb und vielen hübschen Details geführt.

THE PLETTENBERG

Im „Plettenberg-Hotel" trifft man sich zum Lunch auf der Terrasse, mit weitem Blick über goldgelbe Buchten, blaugezackte Berge und Meer bis zum Horizont. Der Wein vom Kap ist trocken, spritzig und billig. Der Salat ist frisch, knackig, mit Croutons und Speck, und kann ohne jede Bedenken gegessen werden. All das hat mit dem Afrika, das wir kennen, nichts zu tun, das ist wie in Sausalito bei San Francisco oder wie in Carmel bei Monterey...

Die meisten Gäste sind hier zum Ausruhen da, zum Entspannen von Rundreisen durch Südafrikas Wüsten und von Ausflügen im Safari-Land. Und sie geben ihre staubigen Kleider in die Wäsche, genießen die pastellfarbenen Zimmer und den perfekten lautlosen Service des Hauses. Auf der Tapete unseres Zimmer spielen Seepferdchen in zarten Farben. Auf dem Bett sind kleine Muscheln aufgemalt. Und im Wohnzimmer der kleinen Suite liegt sogar ein Gästebuch auf. „Unforgetable", schreibt ein Hamburger Ehepaar. Und: „Wir kommen wieder" versprechen zwei aus Rosenheim. Dreißig Prozent der Plettenberg-Gäste kommen schon aus der Bundesrepublik.

Von diesem Zimmer aus überblicken wir die ganze Bucht. Wir sehen betörende Sonnenuntergänge, unvergeßliche Sternenhimmel. Und wir halten den Atem an, wenn die Delphine kommen, zehn, zwanzig, und in die Luft springen als wollten sie spielen mit dem Sonnenlicht.

Und dann fährt man aus dieser grünen, satten, von Lagunen, Wäldern und Sandbänken durchzogenen Küstenlandschaft ein Stück ins Landesinnere und stößt auf *Squatter-Camps,* die von weitem aussehen wie Müllhaufen. Siedlungen ohne Wasser, Kanalisation, Strom, Hütten aus Brettern, Pappe, plattgehämmerten Benzinkanistern. Auch das ist Südafrika.

Immer wieder zieht es uns ins Land. In einsame Ebenen und heugrünes Grasland. Mit ungezählten Vogel-Strauß-Herden. In unbekannte Gebirge mit flechtenbehangenen Riesenbäumen und rotflammenden Büschen. Dann verengt sich der Schotterweg. Kurven über Kurven. Immer steiler fällt die Straße in eine schmale Schlucht. Ein Wasserfall stürzt hinab. Jetzt wird das Auto auf die Schnauze fallen und wir in den Wassermassen... Stattdessen öffnet sich ein mildgrünes Tal, ein verwunschenes Paradiesgärtlein. Ein Bächlein gluckert. Zitronenbäume. Pickende Rotkehlchen...

Wir glauben zu träumen, aber wir träumen nicht. Denn da steht ein Schild: *picnic area – please keep it clean.* Auch das ist Südafrika.

Es ist ein Land, dessen Schönheit man nie vergißt. Nach dem man immer ein Stück Sehnsucht haben wird. Und dem man helfen möchte auf seinem komplizierten Weg. – Der Tourismus kann einer von vielen Schritten sein. Darin wenigstens waren sich Präsident de Klerk und Nelson Mandela immer einig: „Diesen sehr wichtigen Wirtschaftszweig wollen wir fördern, da er Wohlstand und Arbeitsplätze schafft."

Vom „Plettenberg" ist man in zwei, drei Minuten auf einem Pfad durch die Klippen am Strand. Es ist Mittag. Und weiße und rosafarbene, braungebrannte und pechschwarze Buben surfen nebeneinander auf den Wellen, sie stürzen und prusten, helfen sich gegenseitig auf die Bretter, lachen, spucken und fallen keuchend in den Sand. Und man kann sich nicht vorstellen, es könnte jemals anders gewesen sein.

Das ist der Wohnraum einer „Luxus-Suite mit Meerblick". Im Juli kann man vom Sofa aus zugucken, wie die Wale mit ihren Babys vorbeiprusten.

HINWEISE

Auf den nächsten Seiten erfahren Sie,
wie Sie die Traumhotels am schnellsten erreichen,
welches die beste Jahreszeit ist und was Sie
in der Umgebung nicht auslassen dürfen.
Nur eines werden Sie nicht finden: genaue Preise.
Sie würden wegen wechselnder Kurse und
saisonaler Schwankungen keinen Bestand haben.
Gehen Sie aber davon aus, daß Traumhotels
in jedem Fall leider ihren Preis haben.

FRANKREICH

Château de Bagnols

F-69620 Bagnols

Telephon: 00 33-474 71 40 00
Fax: 00 33-474 71 40 49
bagnols@relaischateaux.fr

Nächster Flughafen ist Lyon-Satolas (45 Autominuten); Privatflugzeuge und Helikopter landen in Villefranche/Tarare in Frontenas (Piste 1040 Meter lang), drei Kilometer vom Hotel entfernt. – Autos von Paris nehmen die A 6 – Richtung Lyon, Ausfahrt Villefranche; dann Richtung Roanne – Tarare auf der D 38.

Zwölf Zimmer und acht Appartements. Sehr exklusiv; man sollte auf tausend Mark pro Nacht und Doppelbett gefaßt sein.
Tennis im Ort Bagnols; zwei Golfplätze mit 18 Löchern sind zwölf und achtzehn Minuten entfernt. Weinproben im Schloß.

Für Feste gibt es eine dekorative Scheune; Nebenräume für Konferenzen. Im Sommer werden Schloß-Konzerte aufgeführt.

Ausflüge ins Beaujolais-Weingebiet werden organisiert: zu Fuß, mit dem Pferd, Fahrrad, Auto oder Helikopter.

Beste Reisezeit: Herbst

Darum müssen Sie hin:
die Fresken und der Geschmack von Helen Hamlyn.

Buch für den Nachttisch. „Rot und Schwarz“ von Stendhal, Diogenes.

Les Prés d’Eugénie

F-40320 Eugénie-les-Bains (Landes)

Telephon: 00 33-5 58 05 06 07
Fax: 00 33-558 51 10 10
guerard@relaischateaux.fr

28 Zimmer und 7 Appartements; unbedingt im „Couvent“ buchen (3 Appartements und 5 Zimmer).

Außenpool, Tennisplätze; Thermalbad mit Anwendungen. Neue „Health Farm“.

Beste Reisezeit: Frühjahr und Herbst (der Sommer ist heiß); geschlossen ist das Hotel vom 1. Dez. bis Februar.

Die Kur: Die Quellen der Kaiserin Eugénie und das Kurhaus neben dem Hotel sind öffentlich. Die medizinische Attraktion ist ein warmer, milchweißer Schlamm, in dem die Kurgäste den ganzen Körper, wenigstens aber Hände und Füße baden. Die schwefelhaltige Mixtur, die beide Guérards ausgekocht haben, lindert Arthrose und bringt den Stoffwechsel auf Trab. Das Personal der Kurabteilung, in der man sich auch unter Wasser massieren oder mit Jetstrahl abspritzen lassen kann, ist liebenswürdig. Preisbewußte Kurgäste wohnen in der Dependance der „Guérards“ im Park, der „Villa Rose“, und haben Küche und Kur zum halben Preis.

Darum müssen Sie hin:
Der Stil von Christine; der Kräutergarten und das neue Bauernhaus von Michel: „Le Logis de la Ferme aux Grives“ in einem alten Bauernhaus mit deftiger Küche – absolut nicht „minceur“! – und mit vier großen neuen Suiten.

Buch für den Nachttisch:
„Cuisine Minceur“ von Michel Guérard.

Château de Noirieux

26, Route du Moulin
F-49125 Briollay
Telephone: 00 33-241 42 50 05
Fax: 00 33-241 37 91 00
noirieux@relaischateaux.fr

Der nächste Flughafen ist Nantes, 90 km von Angers auf der A11, knapp 2 Stunden.
Nach Angers 15 km.
Beste Verbindung mit dem Zug: von Paris nach Angers mit dem „TGV Atlantique“: nur 1 1/2 Stunden; und das elf Mal täglich!
Mit dem Auto: 298 km auf der A11.

9 Doppelzimmer im Schloss, 10 im Manoir, in der Nebensaison Sonderarrangements.

Geheizter Pool, Jacuzzi, Tennis, Fahrräder, Reiten und Golf in der Nähe. Tagungsmöglichkeiten.

Beste Reisezeit:
Frühjahr und Herbst
Geschlossen ist das Schloß vom 6. Februar bis 3. März; vom 23. November bis 4. Dezember.

Darum müssen Sie hin:
Die »Apocalypse von Angers«, eines der großen Kulturwunder Europas.

Der besondere Tip:
In der Ruine der Abteikirche Toussaint im Zentrum sind heute die Werke des Bildhauers David d’Angers ausgestellt. Der Künstler (1788–1856) hat die Deutschen des Sturm und Drang verehrt und unter anderem Büsten von Tieck, Schlegel, Goethe und Börne gefertigt. Ein überwältigend schöner Raum, eine aufregende Ausstellung. Noch eine Trouvaille.

Buch für den Nachttisch:
Das Schloß ist ein Wochenendziel, kein Urlaubshotel. Darum gibt es als Empfehlung nicht Marcel Prousts „Auf der Suche nach der verlorenen Zeit“, sondern Alain de Botton’s knappe, aber amüsante Anleitung: „Wie Proust Ihr Leben verändern kann“. S. Fischer Verlag

ITALIEN

La Posta Vecchia

I-00055 Palo Laziale, Ladispoli

Telephon: 00 39-69 94 95 01
Fax: 00 39-69 94 95 07
postavec@caerenet.it

Vom Flughafen Roma-Fiumicino nur 39 Kilometer entfernt; Chauffeur mit grauem Jaguar holt Sie ab. Auf der A 12 braucht er gerade eine halbe Stunde.

10 Zimmer und 7 Suiten.

Die Getty-Suite ist ernst und würdig; die „Medici-Suite" sehr pompös. Die Zimmer der Damen sind freundlicher; gerade die kleineren Zimmer zur Parkseite haben viel Charme (und sind günstiger).

Wer hier übernachtet, sollte darauf gefaßt sein, daß sein Bett mindestens tausend Mark kostet.

Innen-Schwimmbad; das Meer davor sieht wenig einladend aus. Reiten möglich. Tennis (ein Kilometer entfernt).

Archäologisches Museum im Haus; Ausgrabungen im Keller.

Ausflüge:
In 45 Minuten sind Sie in Rom.

Beste Reisezeit: Immer.

Darum müssen Sie hin:
Absolute Ruhe, einzigartige Atmosphäre.

Buch für den Nachttisch:
„Ragazzi di Vita" von Pier Paolo Pasolini, Wagenbach Verlag.

Villa Cortine

Palace Hotel
I-25019 Sirmione, Gardasee
Telephon: 00 39-30-9 90 58 90
Fax: 00 39-30-91 63 90

Der Flughafen in Mailand ist etwa anderthalb Autostunden entfernt. Die Villa schickt gerne eine Limousine.

49 Zimmer. Verlangen Sie ein renoviertes!

Geheizter Pool im Park.
Badesteg und Strand am See.
Schönes Mittags-Restaurant am Ufer.

Bei rechtzeitiger Anmeldung besorgt der Portier mit dem Zimmer gleich die Festspiel-Karten für die Arena von Verona mit. Im Hochsommer gibt sich die Villa aber auch selber als Musentempel: Mitglieder des Arena-Orchesters spielen dann Kammermusik von Mozart und Haydn im Park.

Beste Reisezeit: Mai und Festspiel-Zeit.

Darum müssen Sie hin:
die Lachsforelle à la Cortine mittags am See; die Abenddämmerung im Park.

Buch für den Nachttisch:
„Maria Callas" von Jürgen Kesting, Econ Verlag.

Le Sirenuse

Via Colombo 30
I-84017 Positano (Salerno)
Telephon: 00 39-89-87 50 66
Fax: 00 39-89-81 17 98
sirenuse@macronet.it

Der nächste Flughafen in Neapel ist circa eine Autostunde entfernt. Auf Wunsch wird abgeholt.

56 Zimmer, 4 Suiten, alle mit Klimaanlage und Blick aufs Meer, einige mit Whirlpool.

Geheizter Swimmingpool, Sauna, Tennisplatz in der Nähe, Wasserski und Bootsverleih.

Beste Reisezeit: unbedingt Nebensaison (vom 1. Januar bis 30. März ist das Hotel geschlossen).

Ausflüge: Die ganze Küste rauf und runter, zu Wasser und zu Land, der Concièrge berät Sie gern (und kennt auch simple Lokale in kleinen Buchten). – Aber vergessen Sie Paestum nicht.

Darum müssen Sie hin: Die Lage; der Charme der Familie Sersale.

Buch für den Nachttisch:
„Positano. Geschichten aus einer Stadt am Meer" von Stefan Anders, Serie Piper.

SPANIEN

Villa San Michele

Via di Doccia, 4
I-50014 Fiesole, Firenze
Telephon: 00 39-55-5 94 51
Fax: 00 39-55-59 87 34
villamichele@relaischateaux.fr

Der Flughafen von Florenz ist 10 km, der von Pisa 85 km entfernt.

36 Zimmer und Suiten

Geheizter Pool, Solarium; Golf 14 km, Tennisplätze 7 km entfernt. Kostenlose Shuttle-Busse ins Zentrum. Kochkurse im Herbst

Beste Reisezeit: Der Herbst

Darum müssen Sie hin: Der Lunch in der Loggia.

Buch für den Nachtisch: „Mir auf der Spur", die Autobiographie des unvergessenen Grandseigneurs und Toscana-Liebhabers Gregor von Rezzori, C. Bertelsmann Verlag.

La Residencia

E-07179 Deyà
Mallorca

Telephon: 00 34-9 71 63 90 11
Fax: 00 34-9 71 63 93 70

Der Flughafen von Palma de Mallorca ist etwa vierzig Autominuten entfernt, die Einkaufsstraßen von Palma erreicht man in einer halben Stunde.

28 Doppel-, 8 Einzelzimmer und 18 Suiten, davon drei mit eigenem Pool. Sonderarrangements bei längerem Aufenthalt und in der Nebensaison möglich.

Neu: Beauty-Farm mit vielen Anwendungen; Fitness-Raum. Sauna und Massage.

Großer Pool (ungeheizt); eigener Zugang zum Meer (etwa zehn Minuten mit dem Auto), kein Strand. Tennisplätze mit Trainer – auch und gerade für späte Anfänger. Surfausrüstung, Mopeds, Fahrräder werden zur Verfügung gestellt. Boote können gemietet, Bergwanderungen mit Führer und Picknick organisiert werden.

In der Hochsaison finden regelmäßig Konzerte statt. Seminare und Konferenzen sind möglich.
Ausflüge: Valldemossa mit Karthäuserkloster: Dort hat Chopin einen Winter mit George Sand gelebt; Der Landsitz Son Marroig des Mallorca-Liebhabers Erzherzog Ludwig Salvator; Die Felsnase Torrent de Pareis; die Halbinsel Sa Foradada.

Beste Reisezeit: Mitte Februar, wenn die Mandelbäume blühen. Ende September, wenn das Meer noch warm ist. Achtung: Im Dezember/Januar vorher anrufen, das Haus kann geschlossen sein.

Darum müssen Sie hin: Die pittoreske Lage, das Restaurant „El Olivo".

Buch für den Nachttisch: „12 klassische Wanderungen durch Mallorca" und „Das Mallorca Ludwig Salvators heute erlebt", beide von Herbert Heinrich, Editorial Moll, Mallorca.

PORTUGAL

La Bobadilla

P. O. Box 144
E-18300 Loja
(Granada)
Telephon: 00 34-58 32 18 61
Fax: 00 34-58 32 18 10

Vom Flughafen Malaga 70 Kilometer entfernt. Gute Straße in Richtung Loja/ Granada. Das Hotel holt aber auch gerne ab.

22 Zimmer, 21 Demi-Suiten, 13 De luxe-Suiten, 2 Penthouse-Suiten; die „Royal-Suite“ hat das schönste Badezimmer Spaniens – mit Blick bis zu den verschneiten Gipfeln der Sierra Nevada. Insgesamt täte dem „Bobadilla“ ein facelifting gut.

Sonder-Arrangements und Konferenz-Service.

Riesengroßes Schwimmbad im Park (2000 qm), beheizter Innenpool. Health-Club mit Geräteraum, Massage, Jacuzzi, Sauna, Dampfbad, Kosmetik und Friseur.

Tennis, Reiten, Tontaubenschießen.

Im Winter ist man in anderthalb Stunden auf den Skipisten der Sierra Nevada; das ganze Jahr in anderthalb Stunden auf den Golfplätzen der Costa del Sol.

Für Jäger, die das Schießen partout nicht sein lassen können, stehen zu festgelegten Zeiten zum Abschuß bereit: Kaninchen und Hasen, Rebhuhn, Drossel, Wachtel, Turteltäubchen und Raben (Waffen muß man mitbringen. Hunde werden gestellt).

Ausflüge: Ganz Andalusien liegt Ihnen zu Füßen. Granada ist gerade eine Autostunde entfernt, Sevilla 180 Kilometer, Córdoba 150 Kilometer; nicht auslassen: den Ochavada-Platz in Archidona (20 Kilometer).

Kultur-Tip: Privatkonzerte in der Kirche werden auf Wunsch arrangiert (zum Beispiel zum Auftakt eines Festessens); Orgel-Unterricht möglich.

Beste Reisezeit: Um Ostern und im Oktober.

Darum müssen Sie hin:
Lage und Landschaft.

Buch für den Nachttisch:
„Erzählungen aus der Alhambra“ von Washington Irving, Droemer-Knaur.

Hotel Palácio de Seteais

Rua Barbosa do Bocage,
P-2710 Sintra
Telephon: 00 35-1 19 23 32 00
Fax: 00 35-1 19 23 42 77
seteais@telepac.pt

Nächster Flughafen: Lissabon. Dann 30 Kilometer, also eine knappe halbe Stunde, mit dem Auto nach Nordwesten.

29 Doppelzimmer und 1 Suite; es gibt Zimmer mit Gärtchen und Terrassen (eines der schönsten hat Nummer 26).

Geheizter Pool im Garten, Tennisplätze; schöne Spazierwege rund um Sintra.

Ausflüge: Königspalast in Sintra mit prachtvoller Einrichtung; Schloß Pena auf der Bergspitze, die Burg der Mauren und die Gärten von Montserrate.

Beste Reisezeit: Anfang Mai und Ende September. In der Hauptsaison Sintra unbedingt meiden.

Darum sollten Sie hin:
Landschaft und Architektur.

Extra-Tip: Schlichter und noch abgeschiedener ist die „Quinta da Capela“ aus dem 18. Jahrhundert. (2710 Sintra, Telephon: 00 35-1 19 29 34 05, 8 Doppelzimmer und Bungalows, garni).

Buch für den Nachttisch:
„Childe Harolds Pilgerfahrt und andere Verserzählungen“, von Lord Byron, der Sintra darin als ein „Glorious Eden“ beschrieb.

SCHWEIZ

Hotel Le Vieux Manoir

CH-3280 Murten-Meyriez
Route de Lausanne
Telephon: 00 41-26-6 78 61 61
Fax: 00 41-26-6 78 61 62

Nächster Flughafen ist Bern (40 km) oder Genf (120 km).

33 Zimmer und 2 Appartements. Am schönsten sind die Zimmer im Turm.

Der nächste Tennisplatz ist 600 Meter, die nächsten Golfplätze in der Umgebung sind 7 bis 25 km entfernt. Sauna, Massage gibt es nicht. Aber der See ist nah, und Erich Thomas besorgt Ihnen gern Fahrräder.

Ausflüge: das mittelalterliche Murten, die Weinorte des Vully, die Römerstadt Avenches.

Beste Reisezeit: September. Hamburger machen auf dem Weg in den Schweizer Frühjahrs-Skiurlaub gerne in Murten Zwischenstation. Aber Achtung: Das Haus ist von Mitte Dezember bis Mitte Februar geschlossen.

Darum müssen Sie hin: Ein Abend mit Egli-Filet und Vully-Wein im neuen Wintergarten oder auf der See-Terrasse.

Buch für den Nachttisch: „Turmbau" von Friedrich Dürrenmatt (der, ganz in der Nähe, am Neuchâteler See gelebt hat), Diogenes Verlag.

Hotel Margna

CH-7515 Sils-Baselgia/Engadin

Telephon: 00 41-81-8 26 53 06
Fax: 00 41-81-8 26 54 70
Hotel.Margna.Sils@gr-net.ch

Der Flughafen Samedan liegt 20 Minuten entfernt (wird aber nur in der Wintersaison bei guten Wetterbedingungen regelmäßig angeflogen).
Vom Flughafen Zürich oder Mailand sind es jeweils drei Autostunden; vom Bahnhof St. Moritz 15 Minuten.

72 sehr unterschiedlich eingerichtete Zimmer, Juniorsuiten und Suiten und ein sehr großzügiges Appartement („Chesin"). Die gemütlichsten Zimmer liegen im Haupthaus. Buchen Sie in jedem Fall ein renoviertes Zimmer.

Die Fitness-Abteilung (mit Sauna) ist keine Zierde.
Im Massage-Zimmer lärmt der Motor des Jacuzzi.
Es fehlen ein Hallenbad, anständige Ruheräume. Sils selbst ist ein Paradies im Winter wie im Sommer. Ideale Langlauf- und Alpinski-Bedingungen (Corvatsch!).
Im Sommer Wanderwege (zum Beispiel ins Fextal). Tennis, Segeln, Surfen, Kinderspielplatz. Fischen und Golf gibt es gleich hinter dem Hotel (9 Löcher) oder im nahen Samedan (18 Löcher).

Beste Reisezeit: Februar/März; Juni, September/Oktober.

Darum müssen Sie hin: Die Natur drumherum. Die neue „Golf Academy" des „Margna" mit eigenem Golflehrer.

Buch für den Nachttisch: „Von Sils-Maria aus betrachtet – Ausblicke vom Dach Europas" von Iso Camartins, Suhrkamp.

ÖSTERREICH

Hotel Schloß Fuschl

A-5322 Hof bei Salzburg

Telephon: 00 43-6 22 92 25 30
Fax: 00 43-6 22 92 25 35 31

Vom Flughafen Salzburg 30 Kilometer entfernt; Autobahn Salzburg-Wien, Ausfahrt Thalgau; halbe Autostunde zum Festspielhaus.

Ausstattung: 55 Zimmer und 29 Suiten. Die mit dem schönsten Blick liegen im Haupthaus.

Schönheitsfarm „La Via Carita"; Fitness- und Beauty-Pauschalangebote.

9-Loch-Golfplatz direkt am Hotel, Sauna, Massage, kleiner Pool im Haus; Tennis, See-Strandhaus mit Lunch-Buffet; im Sommer ist Segeln, im Winter Eissurfing möglich. Mini-Golf, Kegelbahn, eigenes Jagdrevier.

Ausflüge: Schiffahrten auf dem Wolfgangsee, Attersee, Mondsee. Bergbahnen auf das Zwölferhorn oder den Schafberg.

Beste Reisezeit:
Das ganze Jahr.

Darum müssen Sie hin:
Die See-Terrasse im Sommer.

Tip: Nicht so kuschelig elegant, aber erheblich billiger ist der „Jagdhof am Fuschlsee", unter derselben Leitung, aber oberhalb des Schlosses, direkt an der Straße, mit 57 modernen Zimmern, einige mit Balkon und schönem Blick (Tel: 00 43-6 22 92 37 20, Fax: 00 43-6 22 92 37 24 13.

Buch für den Nachttisch: „Mozart" von Wolfgang Hildesheimer, Suhrkamp.

DEUTSCHLAND		
Hotel im Wasserturm	**Hotel Cecilienhof**	**Benen-Diken-Hof**
Kaygasse 2 50676 Köln Telephon: 02 21-20 08-0 Fax: 02 21-2 00 88 88	Neuer Garten 14469 Potsdam Telephon: 03 31-3 70 50 Fax: 03 31-29 24 98	25985 Keitum/Sylt Postfach 20 Telephon: 0 46 51-93 83-0 Fax: 0 46 51-93 83 83 benen-diken-hof-sylt@t-online.de
Mitten im Zentrum Kölns, 20 Minuten vom Flughafen Köln/Bonn. 48 Zimmer, 42 Junior- und Duplex-Suiten. Am schönsten ist der neunte Stock. Der achte Stock ist für Nichtraucher reserviert. Sonder-Pauschalen und Wochenend-Arrangements möglich. Sauna, Massage, Solarium. Darum müssen Sie hin: Architektur und Design des „Kölschen Kolosseums"; der Blick vom gläsernen Dachrestaurant. Buch für den Nachttisch: „Dr. Murkes gesammeltes Schweigen" von Heinrich Böll, Kiepenheuer & Witsch.	Vom Flughafen Berlin-Tegel ist es eine gute Autostunde. 43 renovierte Zimmer; am schönsten ist die Hohenzollern-Suite, die Prince Charles eingelegen hat. Sauna und Massage im Haus. Die Gedenkstätte „Potsdamer Abkommen" kann man auch besichtigen, ohne Hotelgast zu sein. Unbedingt einen Tag Zeit nehmen für den Neuen Garten mit Marmorpalais, Heiligen See, Holländische Häuser, Orangerie... und möglichst mehrere für Potsdam und Sanssouci... Beste Reisezeit: Immer. Darum müssen Sie hin: Geschichte atmen. Tip: Probieren Sie die Original-Menüs von der Hochzeit des Kronprinzen-Paares oder von den vielen Festen der schönen Cecilie. Natürlich werden die „gepökelten Schweinebäckchen" oder die „getrüffelten Kaiserschoten" nicht mehr so königlich schwer wie damals serviert – alles ist neu und leicht interpretiert. Buch für den Nachttisch: „Wanderungen durch die Mark Brandenburg" von Christian von Krockow, DVA.	Der Flughafen in Westerland ist zehn Autominuten entfernt. Von Hamburg fliegt unter anderem der „Friesenflug" (Telephon: 0 46 51/12 11) – circa eine Stunde. 100 Betten in Suiten, Studios und Appartements. Sylt ist teuer; aber es gibt Winterermäßigungen. Innenschwimmbad mit Sauna, Whirlpool, Massage, „La Prairie"-Kosmetikkabine. Das Hotel hat bis mittags ein großzügiges Frühstücks-Buffet und neuerdings eine Abendkarte mit regionalen und kreativ komponierten Gerichten – für Hausgäste – außer mittwochs. Beste Reisezeit: Zur Fliederblüte und im Winter. Darum müssen Sie hin: Das Frühstück in der Friesenstube, wenn draußen der Wind heult. Buch für den Nachttisch: „Sommer auf Sylt" von Ernst Penzoldt, Insel Verlag.

Pflaums Posthotel

Nürnberger Straße 14–16
91257 Pegnitz
Telephon: 0 92 41 72 50
Fax: 0 92 41 8 04 04
info@ppp.com

Der Flughafen von Nürnberg ist rund vierzig Autominuten entfernt. Pegnitz liegt direkt an der Autobahn München-Berlin (Ausfahrt: Pegnitz). Von München mit dem Auto circa zwei Stunden.

50 Zimmer und Suiten der unterschiedlichsten Art. Es gibt Landhaus-Zimmer mit Dusche und Mini-Bar wie in jedem Mittelklasse-Hotel, romantische Laura-Ashley-Zimmer oder eine würdige Präsidenten-Suite mit Jacuzzi-Pool. Dazu kommen Designer-Suiten wie „Venus in Blau", „Parsifal" oder „Klingsor's Zaubergarten", mit verspiegelten Decken und Sternenhimmel, die für die einen der höchste Traum, für andere aber auch ein teurer Alptraum sein können. Nicht jeder mag zwischen High-Tech-Lichtspielen und Plastik-Gestänge schlummern.

Innenschwimmbad, Sauna, Dampfbad, Jacuzzi, Massage. Gut ausgestatteter Geräte-Raum. Indoor Golfabschlag. Tennishallen/Squash, Fliegen-Fischen, Fahrräder, Kegelbahn. Reiten. Wanderwege.

Neu: der nur 9 Kilometer vom Hotel entfernte Meisterschaftsplatz Pottenstein/Weidenloh. Weitere fünf Golfplätze mit 18 Löchern in der Umgebung (für Ratschläge ist Golfer Andreas Pflaum immer zu haben – wenn er nicht gerade an der Internet-Bar mit jungen Gästen surft).

Die Preise sind so unterschiedlich wie die Zimmer. Aber es gibt übers ganze Jahr Sonder-Wochen und Gourmet-Arrangements.

Besonders beliebt: die Festspiele im Hotel – mit Musik und Menüs. Golfwochen, Feinschmecker-Wanderungen und Kutschfahrten. Ein Oldtimer steht ebenfalls vor der Tür. Ausflüge: Die ganze Fränkische Schweiz mit den sehenswerten Städten Nürnberg, Bamberg und Bayreuth liegt rundum.

Beste Reisezeit: Zu den Festspielen (wenn Sie Bayreuth-Karten haben). Sonst: Frühherbst.

Darum müssen Sie hin: So eine Mischung aus Kulinarik, Kultura und Kuriosa gibt's nicht noch einmal.

Das Frühstücks-Buffet! Es ist das einzige in Deutschland, für das sich Auf- und Anstehen lohnt.

Buch für den Nachttisch:
„Richard Wagner, sein Leben, sein Werk, sein Jahrhundert" von Martin Gregor-Dellin, Piper Verlag.

Hotel Rafael

Neuturmstraße 1
80331 München
Telephon: 0 89-29 09 80
Fax: 0 89-22 25 39
info@hotel.rafael.com

Der „Franz-Josef-Strauß-Flughafen" liegt in guten Zeiten 35 Autominuten entfernt; in den schlechten sind unsere Gedanken mit Ihnen.

Das Hotel hat vor allem Suiten; 14 Juniorsuiten, 6 große Suiten. Dazu 53 Einzel- und Doppelzimmer. Aufregend ist außer der sehr komfortablen Turm-Suite die kleinere Suite Nummer 607. Da können Sie im Sommer auf der Terrasse dinieren (Room-Service!) und sechs Stockwerke drunter dampfen die Bier-Touristen im Garten des Münchner Hofbräuhauses.

Ein Pool ist im Sommer auf der Dachterrasse geöffnet. Er dient aber eher zur Abkühlung, denn zum Training.

Zur Steigerung der Fitness seien Museumsbesuche oder Einkaufsbummel rund ums Hotel empfohlen. Die Neuturmstraße hat sich zu einer spannenden Einkaufsstraße entwickelt (Art Déco, Antiquitäten). Nur ein paar Schritte entfernt liegen das Luxusrestaurant „Boettner" (in altem Gewand in neuem Haus), die berühmte Maximilianstraße, die Kammerspiele und das Nationaltheater.

Beste Reisezeit: Immer.

Darum müssen Sie hin: die zentrale Lage, der Service.

Buch für den Nachttisch:
„Erfolg" von Lion Feuchtwanger (dann verstehen Sie Bayern besser), Verlag Kiepenheuer & Witsch.

ENGLAND

Schloss Eckberg

Bautzner Straße 134
D-01099 Dresden
Telephon: 03 51-80 99 0
Fax: 03 51-80 99-199

Zum Dresdner Zentrum sind es zehn Autominuten.

17 Schlosszimmer zum Träumen; für Tagungsgäste gibt es im Kavaliershaus 67 moderne Zimmer. Fitness, Kosmetik, Saunen. Remise mit Seminarausstattung.

Wunderbare Wander- und Ausflugmöglichkeiten.

Beste Reisezeit: Immer

Der besondere Tip: Vom Hotel geht der Körner-Rundweg an der Sächsischen Weinstraße ab, auf dem Sie unter anderem Schillers Dichterhäuschen – er vollendete dort als Gast des kunstsinnigen Christian Gottfried Körner (1756–1831), „Don Carlos“ – besuchen können. Der klassizistische Weinbergpavillon (Schillerstr. 19) ist heute ein kleines Museum.

Darum müssen Sie hin:
Loschwitz, die Schlösser und natürlich die Elbe!

Buch für den Nachttisch:
„Das Erich-Kästner-Lesebuch“, Diogenes.

Chewton Glen

Hants BH 256 QS
GB-New Milton
Telephon: 00 44-1 42 527 53 41
Fax: 00 44-14 25 27 23 10
Toll free (von Deutschland):
01 30 81 08 90
reservations@chewtonglen.com

Nächster Flughafen:
Southampton (30 Kilometer), London-Heathrow (120 Kilometer).

36 Zimmer und 18 Appartements.

Es gibt Spezialarrangements für Schönheitstage oder für Weihnachten/Silvester und auf Anfrage.

Innen- und Außenpool (geheizt); perfekt eingerichteter Health-Club mit Fitness-Raum und Beauty-Farm; Tennis, Krocket und Golfplatz (9 Loch). In der Nähe Segeln, Angeln, Pony-Trekking, Reiten, Wandern, Radfahren.

Ausflüge: Naturpark New Forest, die Kathedrale von Salisbury, Stonehenge, Wilton House.

Beste Reisezeit: Das ganze Jahr.

Darum müssen Sie hin:
Ein gepflegteres Landhotel gibt es nicht auf der Welt.

Der besondere Tip: Wer mit dem Helikopter einfliegen will, fragt einfach an bei Bournemouth Helicopters (Tel. 00 44-12 02 59 08 00).

Buch für den Nachttisch:
„Die Kinder des New Forest“ von Captain Frederick Marryat.

Blakes Hotel

33 Roland Gardens
GB-London SW 7
Telephon: 0044-171-370-6701
Fax: 00 44-171-3 73 04 42

Der Flughafen Heathrow ist ungefähr 40 Minuten entfernt. In fünf Minuten sind Sie in Londons neuem Einkaufszentrum Brompton Cross und in fünf Taximinuten bei Harrod's.

Für Geschäftsleute bietet das „Blakes“ Sekretariats-Service.

Die Doppelzimmer im ersten und zweiten Stock sind ganz in Schwarz und Gold und nichts für klaustrophobische Naturen. Besonders prunkvoll die Nummern 110, 207 und 208. Im dritten und vierten Stock lichtet sich das Interieur.

Beste Reisezeit: Immer.

Hotel-Besitzerin Anouska Hempel liebt Auktionen, Flohmärkte und Antiquitätenläden. Gäste, die sich in die Hotel-Requisiten verliebt haben, können versuchen, das Objekt ihrer Begierde zu ordern.
Manchmal läßt sich die Lady zum Verkauf herab.

Darum müssen Sie hin:
die plüschige Atmosphäre.

Buch für den Nachttisch:
„London – Bilder einer großen Stadt“ von Virginia Wolff, Wagenbach.

	IRLAND	DÄNEMARK
Gidleigh Park Chagford Devon TQ 13 8HH Telephon: 0044-1647-432367 Fax: 00 44-16 47-43 25 74 gidleighpark@gidleigh.co.nk Nächster Flughafen ist London (330 km – vier Stunden Autofahrt) oder Exeter (40 km – am besten von London mit der Bahn). Das Hotel holt ab. 12 Doppelzimmer, drei Appartements. Es gibt Arrangements mit Abendmenü und Frühstück. Reiten, Wandern, Angeln, Krocket vor der Haustür, Golf acht Kilometer entfernt. Ausflüge: Wunderbare Wanderungen im Dartmoor möglich. Beste Reisezeit: zur Rhododendron-Blüte im Mai. Darum müssen Sie hin: Der Wassergarten; „Cream Tea" auf der Terrasse vor dem Wintergarten. Buch für den Nachttisch: „Der Hund von Baskerville" von Sir Arthur Conan Doyle, Ullstein Verlag.	**Hotel Adare Manor** Adare, Co. Limerick, Irland Telephon: 0 03 53-61-396 566 Fax: 0 03 53-61-396 124 Reservations@adaremanor.com Der nächste Flughafen ist Shannon (circa 45 Minuten mit dem Auto; auf Wunsch holt das Hotel ab). 50 Zimmer, 13 Suiten. Die Mehrheit der normalen Doppelzimmer ist in einem recht stilvollen Anbau untergebracht. Nebensaison-Preise, Golf-, Jagd- und „Christmas"-Arrangements. Geheiztes Innenschwimmbad mit Blick auf den Maigue-Fluß, Sauna und Fitness. Seit 1995 kann man auf dem von dem Golf-Architekten Robert Trent Jones raffiniert und schwierig angelegten 18-Loch-Platz spielen (in der Anlage liegen das Flüßchen Maigue und drei künstliche Seen). Lachs- und Forellen-Fischen, Reiten für Anfänger und Fortgeschrittene im nahen „Colnshire Equestrian Centre", Fuchs-Jagden von Oktober bis März. Musik-Festivals im Sommer. Ausflüge: zum Dorf Adare, in die Grafschaft Kerry, in die Burren-Region oder zu den höchsten Klippen Europas: Cliffs of Moher. Beste Reisezeit: Mai bis September. Darum müssen Sie hin: Golf! Buch für den Nachttisch: „Irisches Tagebuch" von Heinrich Böll, Deutscher Taschenbuch Verlag.	**Falsled Kro** Assensvej 513 DK-5642 Millinge Telephon: 00 45-62 68 11 11 Fax: 00 45-62 68 11 62 falsledkro@wip.cybercity.dk Nächster Flughafen: Odense (Verbindung über Kopenhagen). Dann etwa zwanzig Minuten mit dem Auto. Das Haus liegt südlich von Odense (an der Landstraße zwischen Faaborg und Assens). 19 Zimmer und Suiten, sehr persönlich eingerichtet, Einzelzimmer klein. Schwimmen und Segeln vor der Haustür. Reiten, Freibad und Golf (in Glamjksbjerg, 9 Löcher) einige Meter entfernt. Ausflüge: Das Andersen-Museum in Odense; Lyø und Avernakø, zwei Trauminseln im Inselmeer von Südfünen. Beste Reisezeit: Juni und September. Darum müssen sie hin: Die Küche von Jean-Louis Lieffroy. Buch für den Nachttisch: „Gesammelte Märchen" von H. Chr. Andersen, Manesse Verlag.

BELGIEN

Scholteshof

130, Kermtstraat
B-3512 Hasselt
Telephon: 00 32-11-25 02 02
Fax: 00 32-11-25 43 28
scholteshof@skynet.be

Der nächste Flughafen in Brüssel liegt 70 km entfernt, rund eine Autostunde.

17 Zimmer und Appartements, zwei Gartenwohungen.

Tennisplatz; Schwimmbad und Golf in Hasselt (6 km).

Ausflüge: Wenn Ihnen der Garten mit „Orangerie" und Galerie „Giardini" Zeit läßt, fahren Sie nach Altenbiesen, eine imponierende ehemalige Landkommende des Deutschen Ordens (Gemeinde Bilzen, über die Autobahn Antwerpen-Lüttich, E 313, Abfahrt 31).

Beste Reisezeit: Immer. (Geschlossen vom 1. bis 15. Januar und vom 16. bis 31. Juli).

Darum müssen Sie hin:
Die Tafelfreuden und der Stil von Roger Souvereyns.

Buch für den Nachttisch:
„Der Scholteshof in Flandern, Kulinarische Lebenskunst im Wechsel der Jahreszeiten" von Roger Souvereyns, Econ Verlag.

KARIBIK

Petit St. Vincent

Buchung über POB 12506
Cincinnati, Ohio 45212 USA
Telephon: 0 01-513-42 13 33
Fax: 0 01-513-2 42 69 51
psv@fuse.net

Petit St. Vincent gehört zum Zwergstaat „St. Vincent and the Grenadines" (35 Inselchen, darunter Bequia und Mustique) und ist Mitglied des Commonwealth.

Der nächste Flughafen liegt auf der Nachbarinsel Union Island. Ein Hotelboot holt Sie dort ab. Union Island wird von verschiedenen Karibikinseln wie St. Lucia, Martinique oder Barbados angeflogen.

22 Bungalows, zum Teil mit zwei Bädern. Es gibt Cottages auf Anhöhen oder direkt am Strand.

Windsurfen, Segeln, Hochseefischen, Tiefseetauchen, Fitness-Pfad und Tennis.

Es gibt Nebensaison-Tarife; keine Kreditkarten.

Beste Reisezeit: Warm ist es das ganze Jahr über, mehr Regen fällt von September bis November. Viele Italiener (auf der Sommerflucht vor den Deutschen) trifft man im Juli und August; vor allem Amerikaner kommen in der Hauptsaison (vom 22. Dezember bis 19. März). Besitzer Richardson findet die Zeit vom 1. bis 20. Dezember am schönsten: bestes Wetter und noch nicht so viele Yachties in den Buchten (geschlossen ist im September/Oktober).

Ausflüge: Segeltouren zu den „Tobago Cays", mit die schönsten karibischen Tauchgründe. Mit dem Schnellboot nach Mustique.

Haze Richardson rät von folgenden Gepäckstücken ab: Tennisschläger, Bademäntel, Schnorcheln, Handtücher, Kinderspielzeug, Haarföne ... („Unnecessary Baggage"). Bittet aber nicht zu vergessen („Helpful baggage"!): „Newspaper for Haze!"

Darum müssen Sie hin:
Kein Fernsehen im Zimmer.
Und kein Telephon.
„Lambi": kleingehacktes gekochtes Muschelfleisch, kalt mit Limette serviert.

Letzte Flaschenpost: Von nun an wird eine fahrende Masseurin auf Wunsch die Gäste betreuen. Sie kommt mit Massagekoffer und Aluminiumboot von der Nachbarinsel Carriacou.

Buch für den Nachttisch:
„Robinson Crusoe" von Daniel Defoe, Insel Verlag.

USA

Four Seasons Hotel New York

57th East 57th Street
New York, NY 10022

Telephon: 001-212-7 58 57 00
Fax: 001-212-7 58 57 11

Der John-F.-Kennedy-Flughafen ist etwa 40 Minuten entfernt, zum Central Park ist es nur ein kurzer Spaziergang.

Es gibt 286 Zimmer mit Kingsize-Betten und 24 Zimmer mit Doppelbetten. 60 Suiten mit einem und zwei Schlafzimmern. 23 Zimmer haben Außenterrassen – zum Central Park oder nach Süden in Richtung City.

Fitness-Center: Ohne Pool aber mit Geräteraum, Sauna und Massage-Spezialisten (von „Jet Lag Massage" bis „Pre-Nuptial Massage" – Massage vor der Hochzeit).

Beste Reisezeit:
Am schönsten funkelt's im Dezember.

Darum müssen Sie hin:
Die Architektur, der Blick, der Service.

Der besondere Tip:
Erst ab dem 40. Stock ist man auf Du und Du mit den Wolkenkratzern.

Buch für den Nachttisch:
„Mond über Manhattan" von Paul Auster, rororo.

Rancho Valencia

5921 Valencia Circle
Rancho Santa Fe, CA 92067

Telephon: 001-619-7 56 11 23
Fax: 001-619-7 56 01 65
ranchoV@aol.com

Der nächste Flughafen in San Diego ist circa 40 Minuten entfernt.

21 Casitas mit insgesamt 43 Suiten. Reservieren Sie mit Blick ins San Diego-Tal.

Es werden mehrere Spezial-Arrangements angeboten.
Zum Beispiel das „Honeymoon Package"
(3 Tage, 2 Übernachtungen, Champagner-Dinner etc.)
Außerdem gibt es Tennis-Wochen für Fortgeschrittene.

Sehr schöner Außenpool und Sauna im Haus, wunderbare Golfplätze rundum.

Beste Reisezeit: Wenn es bei uns graupelt.

Darum müssen Sie hin:
Bei einer USA-Rundreise drei Tage etwas für die Fitness tun.

Buch für den Nachttisch:
„Golf-Träume" von John Updike, Rowohlt Verlag, Reinbek.

Hotel Bel-Air

701 Stone Canyon Road
Los Angeles, CA 90077

Telephon: 001-310-4 72 12 11
Fax: 001-310-4 76 58 90

Der Flughafen Los Angeles ist 20 Kilometer entfernt, das Hotel holt gerne ab, zum Zentrum sind es fünf Minuten.

58 Zimmer und 33 Suiten, viele haben Balkone, Terrassen oder Gärtchen, einige Patios sind mit Jacuzzis ausgestattet.

Geheizter Pool. Gutes Fitness-Center. Der nächste Golfplatz liegt 8 Kilometer entfernt.

Ausflüge: Der berühmte Rodeo Drive liegt fünf Autominuten entfernt: Dort können Sie für teures Geld europäische Marken einkaufen. Es sei denn, Sie gehen zu Gale Haymann. Dort können Sie für teures Geld auch amerikanische Marken einkaufen.

Billiger ist es, Sie lassen sich von der Concierge eine Limousine mit Fahrer geben und fahren zum Getty-Museum (die letzten hundert Meter mit der Museumsbahn) und genießen den Blick auf die Kunst – und die Stadt (für Ihren Mietwagen müßten Sie sich einen Parkplatz vorreservieren). Es könnte Ihr schönstes LA-Erlebnis sein.
Das Museum ist geöffnet:
Sa./So. von 10 bis 18 Uhr,
Di./Mi. von 11 bis 19 Uhr,
Do./Fr. von 11 bis 21 Uhr.
Mo./feiertags geschlossen
(Telephon: 310-440 73 00).

Beste Reisezeit: Immer.

Darum müssen Sie hin: Der Park.

Buch für den Nachttisch:
„Die Tote von Beverly Hills" von Curt Goetz, dtv.

		THAILAND
Ventana Inn	**Hotel Meadowood**	**The Oriental**
Big Sur, CA 93920	900 Meadowood Lane St. Helena, California 94574	48 Oriental Avenue Bangkok 10500, Thailand
Telephon: 0 01-40 86-67 23 31 Fax: 0 01-40 86-67 24 19	Telephon: 001-707-9 63 36 46 Fax: 001-707-963 35 32 meadowood@relaischateaux.fr	Telephon: 00 66-2-2 36 04 00 Fax: 00 66-2-2 38 02 65 bscorbkk@loxinfo.co.th
Nächster Flughafen: 35 Meilen (eine Autostunde) nördlich von Monterey. Alle großen Mietwagenfirmen sind dort vertreten. Von San Francisco sind es 152 Meilen, also gut drei Stunden Autofahrt. Sechzig Zimmer, darunter Suiten mit Kamin und Whirlpool. Zwei Schwimmbäder, Saunas, Japanische Dampfbäder, Fitnessraum, Massage; Wanderwege im Gebirge und am Strand. Ausflüge: Zu den Seehunden im Naturreservat: „Point Lobos State Reserve". „The Henry Miller Memorial Library". „Hearst Castle" (63 Meilen). Der besondere Tip: Spielen Sie eine Runde Golf auf dem schönsten Platz der Pazifikküste: In Monterey („The Lodge at Pebble Beach", Telephon: 40 86 24 38 11). Beste Reisezeit: Mai und Oktober, aber schöne Tage gibt es das ganze Jahr, auch in der Regenzeit (von November bis April). Wale auf Wanderschaft sieht man am besten im November, Dezember und Januar. Darum müssen Sie hin: Die Terrasse des Ventana-Restaurants am Mittag. Die Massagen der Therapeutinnen vom Esalen-Institute. Buch für den Nachttisch: „Big Sur und die Orangen des Hieronymus Bosch" von Henry Miller, Rowohlt.	Der nächste Flughafen in San Francisco ist etwa zwei Autostunden entfernt (85 Meilen). 24 Zimmer und 46 Suiten. Selbst die teuersten Suiten können schattig sein; im Parterre sehen einem außerdem die Krocket-Spieler ins Zimmer. Unbedingt vor dem Einchecken das Zimmer zeigen lassen. Ein 9-Loch-Golfplatz und Krocket-Platz liegen direkt am Hotel. Tennis. Das Schwimmbad ist ein paar Minuten vom Hotel entfernt im Park. Beste Reisezeit: Januar, weil es dann so schön leer ist. Zum Baden im Pool ist es aber noch zu kalt. Zur traditionellen Wine-Auction im Juni ist das Hotel Monate vorher ausgebucht. Auch für die Sommer-Wochenenden empfiehlt sich rechtzeitige Reservierung. Ausflüge: Wein-Proben in den umliegenden Kellereien werden vom Hotel organisiert. Keinesfalls versäumen: Die „Hess Collection", ein Weingut mit Museum für moderne Kunst; die „Robert Mondavi Vinery" (Die Familie Mondavi ist Herz und Motor des Tals), „Clos Pegase", wegen der Architektur, und „Domaine Chandon" (weil die Terrasse zum Lunchen so wunderbar ist). Darum müssen Sie hin: Landschaft und Wein. Buch für den Nachttisch: „Napa" von Jarnes Conoway, Houghton Mifflin Company.	Der „International Airport" von Bangkok ist etwa 45 Minuten entfernt. Das Hotel holt Sie gerne mit einer Limousine ab. 364 Zimmer und 30 Suiten. Die Zimmer sind so harmlos wie bei einer US-Kette. Bestellen Sie wenigstens Zimmer mit Blick zum Fluß. Oder leisten Sie sich die „Jim Tompson" Suite (Tompson hat Thailands Seidenindustrie aufgebaut), dort ist sogar der Morgenmantel siamrot. Eine Steigerung wäre noch die „Oriental"-Suite, die den gesamten 16. Stock einnimmt und von den Designern John Rifenberg und Ritkrit Kaewvicheara für eine Million Mark eingerichtet worden ist: in einem wundersamen Stilgemisch: thailändisch, karibisch, kolonial. Zwei Pools. Fitness-Center am gegenüberliegenden Ufer mit Sauna, Geräten, Squash. Jogging-Pfad. Boots-Fahrten auf dem Fluß. Health- und Beauty-Center mit eigener Kosmetik-Linie („Oriental Princess"): Nach einem Spezial-Schönheitstag verfliegt der Jetlag, und Thai-Kräuter geben neue Energie. „The Ultimate Spa Day for Madame or Monsieur" dauert 5 Stunden und 45 Minuten und schließt unter anderem „Papaya Body Polish" sowie eine „Aromatherapy Scalp Massage" ein. Weitere Spa-Arrangements – für 3 oder 7 Tage: „The Oriental Pampering Programm" (gegen Streß); oder das „Golf Retreat De luxe Programme" (dabei können Golfer abspecken und die örtlichen Golfplätze inspizieren – auf Wunsch auch mit dem Helicopter, was das Ganze natürlich ein bißchen verteuert.)

AMANPURI Pansea Beach

Phuket 83000, Thailand

Telephon: 00 66-76-32 43 33
Fax: 00 66-76 32 41 00
amanpuri@info.co.th

Am schönsten finden wir das „Romantic Getaway“ – ein Programm für zwei Personen: ein paar Verwöhn-Tage mit viel Massagen, Gesundheits-Frühstück, Champagner, Unterricht in der Thai-Cooking School, Klong Fahrt, Palast-Besuch und Romantik-Dinner... Den richtigen Partner dafür müssen Sie freilich selber mitbringen.

Beste Reisezeit:
Von Dezember bis April.

Darum müssen Sie hin:
Dinner auf der Terrasse; Service in den Suiten. „The Oriental Spa“.

Extra-Tip: Kaufen Sie sich in Bangkok Nancy Chandlers liebevoll gezeichnete „Map of Bangkok“, vollgekritzelt mit Empfehlungen für Tempel, Märkte und Restaurants.

Buch für den Nachttisch:
Sommerset Maugham lag, von Malaria-Krämpfen geschüttelt, in seinem Zimmer im „Oriental“ und hörte, wie die damalige Hotelchefin zu dem behandelnden Arzt sagte: „Ich will nicht, daß er hier stirbt. Sie müssen ihn wegschaffen.“

Der britische Romancier starb damals übrigens nicht, was uns heute erlaubt folgendes Werk zu empfehlen: „Auf Messers Schneide“ von Somerset Maugham, Diogenes Verlag.

Vom „Phuket International Airport“ sind es etwa 30 Autominuten (20 Kilometer). Das Hotel holt auf Wunsch ab. Von Bangkok liegt die Halbinsel 890 Kilometer entfernt, 12 Stunden mit dem Auto oder etwa eine Stunde Flug.

Es gibt 40 Pavillons, alle gleich luxuriös ausgestattet, aber äußerst unterschiedlich gelegen: Die Star-Suite, direkt am Meer, hat die Nummer 105. Es gibt aber auch Pavillons direkt an der Straße und ohne Meerblick.

Angeschlossen an das Resort sind inzwischen noch dreißig geschmackvolle Privatvillen, die vermietet werden – inklusive Koch und Hausmädchen. Details auf Anfrage.

Sechs Tennisplätze mit Flutlicht; Süßwasserpool, neuer Fitness-Raum, Sauna und wunderbare Massagen. Alle Wassersport-Arten, von Katamaran-Segeln bis Tiefsee-Tauchen, möglich.

Es gibt eine kleine Bibliothek mit Büchern und Musik-Kassetten.

Ausflüge: Mit der Yacht „Amanpuri I“ kann man die Höhlen auf den Phi Phi Inseln besichtigen oder die berühmten („James-Bond“) Felsen von Phang Nga Bay.

Am Mai Khao-Strand legen große Meeresschildkröten zwischen November und Februar ihre Eier ab.

Der absolute Traum: Eine 3-Tage-Kreuzfahrt zu den Korallenriffen der unbewohnten Similan-Inseln.

Beste Reisezeit: Dezember bis Februar. (Die Regenzeit ist von Mai bis Oktober; die trockene Zeit ist von November bis April mit Temperaturen von 21 bis 34 Grad.)

Darum müssen Sie hin:
Thai-Stil pur. Ohne Touristen-Schnörkel

Buch für den Nachttisch:
„Goldfinger“ von Ian Fleming, Scherz Verlag.

<table>
<tr><th colspan="3">SÜDAFRIKA</th></tr>
<tr>
<td>Las Ventanas al Paraiso

Auskunft und Buchung:
Rosewood Hotels und Resorts,
Schützenhüttenweg 30,
60598 Frankfurt
Tel: 069-68 60 90 50
Fax: 069-20 08
rosewood-frankfurt@primus-online.de

Anreise am besten über Los Angeles (mit „Alaska Air“ zwei Stunden) oder über Dallas (2 1/2 Stunden) oder Mexico City (1 1/2 Stunden) zum „San José Del Cabo International Airport“. Das Hotel ist 15 Minuten vom Airport entfernt.

61 Suiten. Die mit „Roof Top Terrace“ sind die schönsten, „Gardenview“ vermeiden. Vier Villen mit Privatpool warten auf Honey-Mooners. Wochen-Packages (mit Spa-Anwendungen oder Greenfee inbegriffen) sind möglich.

An der Südspitze der Baja liegen vier Golfplätze. Der 18-Loch-Platz „Cabo Real“ (entworfen von Robert Trent Jones II) ist Teil der Hotelanlage, das knifflige 15. Loch liegt direkt am Strand.

Das „Las Ventanas“ eignet sich auch für einen Beauty-Urlaub: Fitness-Raum mit Trainer, Sauna, Dampfbad, Jacuzzis; alle Anwendungen – von Aromatherapie bis Reflexzonenmassagen; Saft-Bar, sehr gute Therapeuten.

Beste Reisezeit: Wenn's bei uns am Gräßlichsten ist

Darum müssen Sie hin:
Architektur und Interior; die Wale!

Buch für den Nachttisch:
„Fallen die Perlen vom Mond“, Lateinamerikanische Liebesgeschichten, Piper.</td>
<td>Hotel The Plettenberg

P.O.Box 719, Lookout Rocks
6600 Plettenberg Bay
Telephon: 0027-44-5732030
Fax: 00 27-44-5 73 20 74
plettenberg@pixie.co.za

Der nächste Flughafen in George ist anderthalb Autostunden entfernt (wird von den South African Airways täglich angeflogen). Von Kapstadt ist es eine Tagesreise (550 km).

Zwanzig Zimmer und sechs Appartements. Die schönste Suite hat die Nummer 36 („George Rex Suite“): Meerblick rundum.

Neu eröffnet: 15 Suiten in einer Nachbarvilla gleich nebenan – „The Blue Wing“.

Der Pool ist klein und eher was fürs Auge. Der wunderbare Strand (da kann man stundenlang wandern, bei jedem Wetter, wie auf Sylt) und das saubere Meer mit schönen Wellen sind jedoch zu Fuß in drei Minuten zu erreichen. Gutes Surf-Revier. Tiefsee-Fischen. Golf und Tennis im 2 km nahen Country Club.

Golf-Tip: Der beste Platz an der Garden-Route ist in George, Fancourt Hotel,
Tel.: 00 27-4 41-70-82 82
Fax: 00 27-4 41-70-76 05

Ausflüge: Die gesamte Garden-Route ist eines der großen Naturwunder dieser Welt. Aufregend sind auch die Fahrten ins Inland, zum Beispiel über Knysna ins Karoo-Gebiet.

Beste Reisezeit: Februar bis April; Oktober/November. In den Wintermonaten Juni, Juli und August kann es stürmisch sein und regnen. Zum Baden ist das Meer dann für Normalmenschen zu kalt.</td>
<td>Unbedingt meiden: Dezember (da machen die Südafrikaner Sommerurlaub)

Im Winter gibt es Sonder-Konditionen. Das Hotel ist aber ohne dies im Vergleich zu Europa oder Amerika preisgünstig.

Darum müssen Sie hin:
Der Blick von der Terrasse über die Bucht: Wenn Sie Glück haben, sehen Sie Delphine mit der Sonne spielen und Wale mit Babys vorbeiziehen (im Juli).

Buch für den Nachttisch:
„Die endgültige Safari“ von Nadine Gordimer, Verlag S. Fischer.</td>
</tr>
</table>